当代齐鲁文库·20世纪"乡村建设运动"文库

The Library of Contemporary Shandong

Selected Works of Rural Construction Campaign of the 20th Century

山东社会科学院　编纂

/12

山东乡村建设研究院　等编

邹平乡村自卫实验报告
邹平农村金融工作实验报告

中国社会科学出版社

## 图书在版编目(CIP)数据

邹平乡村自卫实验报告 邹平农村金融工作实验报告/山东乡村建设研究院等编.—北京:中国社会科学出版社,2019.10(2020.11重印)
(当代齐鲁文库.20世纪"乡村建设运动"文库)
ISBN 978-7-5203-5444-8

Ⅰ.①邹… Ⅱ.①山… Ⅲ.①农村—社会主义建设—研究报告—中国 Ⅳ.①F320.3

中国版本图书馆CIP数据核字(2019)第245463号

---

| | |
|---|---|
| 出 版 人 | 赵剑英 |
| 责任编辑 | 冯春凤 |
| 责任校对 | 张爱华 |
| 责任印制 | 张雪娇 |

| | |
|---|---|
| 出　　版 | 中国社会科学出版社 |
| 社　　址 | 北京鼓楼西大街甲158号 |
| 邮　　编 | 100720 |
| 网　　址 | http://www.csspw.cn |
| 发 行 部 | 010-84083685 |
| 门 市 部 | 010-84029450 |
| 经　　销 | 新华书店及其他书店 |
| 印刷装订 | 北京君升印刷有限公司 |
| 版　　次 | 2019年10月第1版 |
| 印　　次 | 2020年11月第2次印刷 |
| 开　　本 | 710×1000　1/16 |
| 印　　张 | 16.75 |
| 插　　页 | 2 |
| 字　　数 | 233千字 |
| 定　　价 | 98.00元 |

凡购买中国社会科学出版社图书,如有质量问题请与本社营销中心联系调换
电话:010-84083683
**版权所有　侵权必究**

# 《当代齐鲁文库》编纂说明

不忘初心、打造学术精品，是推进中国特色社会科学研究和新型智库建设的基础性工程。近年来，山东社会科学院以实施哲学社会科学创新工程为抓手，努力探索智库创新发展之路，不断凝练特色、铸就学术品牌、推出重大精品成果，大型丛书《当代齐鲁文库》就是其中之一。

《当代齐鲁文库》是山东社会科学院立足山东、面向全国、放眼世界倾力打造的齐鲁特色学术品牌。《当代齐鲁文库》由《山东社会科学院文库》《20世纪"乡村建设运动"文库》《中美学者邹平联合调查文库》《山东海外文库》《海外山东文库》等特色文库组成。其中，作为《当代齐鲁文库》之一的《山东社会科学院文库》，历时2年的编纂，已于2016年12月由中国社会科学出版社正式出版发行。《山东社会科学院文库》由34部44本著作组成，约2000万字，收录的内容为山东省社会科学优秀成果奖评选工作开展以来，山东社会科学院获得一等奖及以上奖项的精品成果，涉猎经济学、政治学、法学、哲学、社会学、文学、历史学等领域。该文库的成功出版，是山东社会科学院历代方家的才思凝结，是山东社会科学院智库建设水平、整体科研实力和学术成就的集中展示，一经推出，引起强烈的社会反响，并成为山东社会科学院推进学术创新的重要阵地、引导学风建设的重要航标和参与学术交流的重要桥梁。

以此为契机，作为《当代齐鲁文库》之二的山东社会科学院

"创新工程"重大项目《20世纪"乡村建设运动"文库》首批10卷12本著作约400万字,由中国社会科学出版社出版发行,并计划陆续完成约100本著作的编纂出版。

党的十九大报告提出:"实施乡村振兴战略,农业农村农民问题是关系国计民生的根本性问题,必须始终把解决好'三农'问题作为全党工作重中之重。"以史为鉴,置身于中国现代化的百年发展史,通过深入挖掘和研究历史上的乡村建设理论及社会实验,从中汲取仍具时代价值的经验教训,才能更好地理解和把握乡村振兴战略的战略意义、总体布局和实现路径。

20世纪前期,由知识分子主导的乡村建设实验曾影响到山东省的70余县和全国的不少地区。《20世纪"乡村建设运动"文库》旨在通过对从山东到全国的乡村建设珍贵历史文献资料大规模、系统化地挖掘、收集、整理和出版,为乡村振兴战略的实施提供历史借鉴,为"乡村建设运动"的学术研究提供资料支撑。当年一大批知识分子深入民间,投身于乡村建设实践,并通过长期的社会调查,对"百年大变局"中的乡村社会进行全面和系统地研究,留下的宝贵学术遗产,是我们认识传统中国社会的重要基础。虽然那个时代有许多的历史局限性,但是这种注重理论与实践相结合、俯下身子埋头苦干的精神,仍然值得今天的每一位哲学社会科学工作者传承和弘扬。

《20世纪"乡村建设运动"文库》在出版过程中,得到了社会各界尤其是乡村建设运动实践者后人的大力支持。中国社会科学院和中国社会科学出版社的领导对《20世纪"乡村建设运动"文库》给予了高度重视、热情帮助和大力支持,责任编辑冯春凤主任付出了辛勤努力,在此一并表示感谢。

在出版《20世纪"乡村建设运动"文库》的同时,山东社会科学院已经启动《当代齐鲁文库》之三《中美学者邹平联合调查文库》、之四《山东海外文库》、之五《海外山东文库》等特色文库的编纂工作。《当代齐鲁文库》的日臻完善,是山东社会科学院坚持问题导向、成果导向、精品导向，实施创新工程、激发科研活力结出的丰硕成果，是山东社会科学院国内一流新型智库建设不断实现突破的重要标志，也是党的领导下经济社会全面发展、哲学社会科学欣欣向荣繁荣昌盛的体现。由于规模宏大，《当代齐鲁文库》的完成需要一个过程，山东社会科学院会笃定恒心，继续大力推动文库的编纂出版，为进一步繁荣发展哲学社会科学贡献力量。

山东社会科学院

2018 年 11 月 17 日

# 编纂委员会

顾　　　问　徐经泽　梁培宽
主　　　任　李培林
编辑委员会　唐洲雁　张述存　王兴国　袁红英
　　　　　　韩建文　杨金卫　张少红
学术委员会　（按姓氏笔画排列）
　　　　　　王学典　叶　涛　刘显世　孙聚友
　　　　　　杜　福　李培林　李善峰　吴重庆
　　　　　　张　翼　张士闪　张凤莲　林聚任
　　　　　　杨善民　宣朝庆　徐秀丽　韩　锋
　　　　　　葛忠明　温铁军　潘家恩
总　主　编　唐洲雁　张述存
主　　　编　李善峰

# 总　序

从传统乡村社会向现代社会的转型，是世界各国现代化必然经历的历史发展过程。现代化的完成，通常是以实现工业化、城镇化为标志。英国是世界上第一个实现工业化的国家，这个过程从17世纪资产阶级革命算起经历了200多年时间，若从18世纪60年代工业革命算起则经历了100多年的时间。中国自近代以来肇始的工业化、城镇化转型和社会变革，屡遭挫折，步履维艰。乡村建设问题在过去一百多年中，也成为中国最为重要的、反复出现的发展议题。各种思想潮流、各种社会力量、各种政党社团群体，都围绕这个议题展开争论、碰撞、交锋，并在实践中形成不同取向的路径。

把农业、农村和农民问题置于近代以来的"大历史"中审视不难发现，今天的乡村振兴战略，是对一个多世纪以来中国最本质、最重要的发展议题的当代回应，是对解决"三农"问题历史经验的总结和升华，也是对农村发展历史困境的全面超越。它既是一个现实问题，也是一个历史问题。

2017年12月，习近平总书记在中央农村工作会议上的讲话指出，"新中国成立前，一些有识之士开展了乡村建设运动，比较有代表性的是梁漱溟先生搞的山东邹平试验，晏阳初先生搞的河北定县试验"。

"乡村建设运动"是20世纪上半期（1901到1949年间）在中国农村许多地方开展的一场声势浩大的、由知识精英倡导的乡村改良实践探索活动。它希望在维护现存社会制度和秩序的前提下，通过兴办教育、改良农业、流通金融、提倡合作、办理地方自治与自卫、建立公共卫生保健制度和移风易俗等措施，复兴日趋衰弱的农村经济，刷新中国政治，复兴中国文化，实现所谓的"民族再造"或"民族自救"。在政治倾向上，参与"乡村建设运动"的学者，多数是处于共产党与国民党之间的'中间派'，代表着一部分爱国知识分子对中国现代化建设道路的选择与探索。关于"乡村建设运动"的意义，梁漱溟、晏阳初等乡建派学者曾提的很高，认为这是近代以来，继太平天国运动、戊戌变法运动、辛亥革命运动、五四运动、北伐运动之后的第六次民族自救运动，甚至是"中国民族自救运动之最后觉悟"。[①] 实践证明，这个运动最终以失败告终，但也留下很多弥足珍贵的经验和教训。其留存的大量史料文献，也成为学术研究的宝库。

"乡村建设运动"最早可追溯到米迪刚等人在河北省定县翟城村进行"村治"实验示范，通过开展识字运动、公民教育和地方自治，实施一系列改造地方的举措，直接孕育了随后受到海内外广泛关注、由晏阳初及中华平民教育促进会所主持的"定县试验"。如果说这个起于传统良绅的地方自治与乡村"自救"实践是在村一级展开的，那么清末状元实业家张謇在其家乡南通则进行了引人注目的县一级的探索。

20世纪20年代，余庆棠、陶行知、黄炎培等提倡办学，南北各地闻风而动，纷纷从事"乡村教育""乡村改造""乡村建设"，以图实现改造中国的目的。20年代末30年代初，"乡村建设运动"蔚为社会思潮并聚合为社会运动，建构了多种理论与实践的乡村建设实验模式。据南京国民政府实业部的调查，当时全国从事乡村建设工作的团体和机构有600多个，先后设立的各种实验区达1000多处。其中比较著名的有梁漱溟的邹平实验区、陶行知的晓庄实验区、晏阳初的定县实验区、鼓禹廷的宛平实验区、黄炎培的昆山实

---

① 《梁漱溟全集》第五卷，山东人民出版社2005年版，第44页。

验区、卢作孚的北碚实验区、江苏省立教育学院的无锡实验区、齐鲁大学的龙山实验区、燕京大学的清河实验区等。梁漱溟、晏阳初、卢作孚、陶行知、黄炎培等一批名家及各自领导的社会团体，使"乡村建设运动"产生了广泛的国内外影响。费正清主编的《剑桥中华民国史》，曾专辟"乡村建设运动"一节，讨论民国时期这一波澜壮阔的社会运动，把当时的乡村建设实践分为西方影响型、本土型、平民型和军事型等六个类型。

1937年7月抗日战争全面爆发后，全国的"乡村建设运动"被迫中止，只有中华平民教育促进会的晏阳初坚持不懈，撤退到抗战的大后方，以重庆璧山为中心，建立了华西实验区，开展了长达10年的平民教育和乡村建设实验，直接影响了后来台湾地区的土地改革，以及菲律宾、加纳、哥伦比亚等国家的乡村改造运动。

"乡村建设运动"不仅在当事者看来"无疑地已经形成了今日社会运动的主潮"，[①] 在今天的研究者眼中，它也是中国农村社会发展史上一次十分重要的社会改造活动。尽管"乡村建设运动"的团体和机构，性质不一，情况复杂，诚如梁漱溟所言，"南北各地乡村运动者，各有各的来历，各有各的背景。有的是社会团体，有的是政府机关，有的是教育机关；其思想有的左倾，有的右倾，其主张有的如此，有的如彼"[②]。他们或注重农业技术传播，或致力于地方自治和政权建设，或着力于农民文化教育，或强调经济、政治、道德三者并举。但殊途同归，这些团体和机构都关心乡村，立志救济乡村，以转化传统乡村为现代乡村为目标进行社会"改造"，旨在为破败的中国农村寻一条出路。在实践层面，"乡村建设运动"的思想和理论通常与国家建设的战略、政策、措施密切

---

① 许莹涟、李竟西、段继李编述：《全国乡村建设运动概况》第一辑上册，山东乡村建设研究院1935年出版，编者"自叙"。

② 《梁漱溟全集》第二卷，山东人民出版社2005年版，第582页。

相关。

在知识分子领导的"乡村建设运动"中，影响最大的当属梁漱溟主持的邹平乡村建设实验区和晏阳初主持的定县乡村建设实验区。梁漱溟和晏阳初在从事实际的乡村建设实验前，以及实验过程中，对当时中国社会所存在的问题及其出路都进行了理论探索，形成了比较系统的看法，成为乡村建设实验的理论根据。

梁漱溟曾是民国时期宪政运动的积极参加者和实践者。由于中国宪政运动的失败等原因，致使他对从前的政治主张逐渐产生怀疑，抱着"能替中华民族在政治上经济上开出一条路来"的志向，他开始研究和从事乡村建设的救国运动。在梁漱溟看来，中国原为乡村国家，以乡村为根基与主体，而发育成高度的乡村文明。中国这种乡村文明近代以来受到来自西洋都市文明的挑战。西洋文明逼迫中国往资本主义工商业路上走，然而除了乡村破坏外并未见都市的兴起，只见固有农业衰残而未见新工商业的发达。他的乡村建设运动思想和主张，源于他的哲学思想和对中国的特殊认识。在他看来，与西方"科学技术、团体组织"的社会结构不同，中国的社会结构是"伦理本位、职业分立"，不同于"从对方下手，改造客观境地以解决问题而得满足于外者"的西洋文化，也不同于"取消问题为问题之解决，以根本不生要求为最上之满足"的印度文化，中国文化是"反求诸己，调和融洽于我与对方之间，自适于这种境地为问题之解决而满足于内者"的"中庸"文化。中国问题的根源不在他处，而在"文化失调"，解决之道不是向西方学习，而是"认取自家精神，寻求自家的路走"。乡村建设的最高理想是社会和政治的伦理化，基本工作是建立和维持社会秩序，主要途径是乡村合作化和工业化，推进的手段是"软功夫"的教育工作。在梁漱溟看来，中国建设既不能走发展工商业之路，也不能走苏联的路，只能走乡村建设之路，即在中国传统文化基础上，吸收西方文化的长处，使中西文化得以融通，开创民族复兴的道路。他特别强调，"乡村建设，实非建设乡村，而意在整个中国社会之建设。"① 他将乡村建设提到建国的高度来认识，旨在为中国"重建一新社会组织构造"。他认为，救济乡村只是乡村建设的"第一层意义"，乡村建设的"真意义"在于创造一个新的社会结构，"今日中国问题在其千年相沿袭之社会组织构造既已崩溃，而新者未立；乡村建设运动，实为吾民族社会重建一新组织构造之运动。"② 只有理解和把握了这一点，才能理解和把握"乡村建设运动"的精神和意义。

晏阳初是中国著名的平民教育和乡村建设专家，1926 年在河北定县开始乡村平民教育实验，1940 - 1949 年在重庆歇马镇创办中国乡村建设育才院，后改名中国乡村建设学院并任院长，组织开展华西乡村建设实验，传播乡村建设理念。他认为，中国的乡村建设之所以重要，是因为乡村既是中国的经济基础，也是中国的政治基础，同时还是中国人的基础。"我们不愿安居太师椅上，空做误民的计划，才到农民生活里去找问题，去解决问题，抛下东洋眼镜、西洋眼镜、都市眼镜，换上一副农夫眼镜。"③ 乡村建设就是要通过长期的努力，去培养新的生命，振拔新的人格，促成新的团结，从根本上再造一个新的民族。为了实现民族再造和固本宁邦的长远目的，他在做了认真系统的调查研究后，认定中国农村最普遍的问题是农民中存在的"愚贫弱私"四大疾病；根治这四大疾病的良方，就是在乡村普遍进行"四大教育"，即文艺教育以治愚、生计教育以治贫、卫生教育以治弱、公民教育以治私，最终实现政治、教育、经济、自卫、卫生、礼俗"六大建设"。为了实现既定的目标，他坚持四大教育连锁并进，学校教育、社会教育、家庭教育统筹协调。他把定县当作一个"社会实验室"，通过开办平民学校、创建实验农场、建立各种合作组织、推行医疗卫生保健、传授

---

① 《梁漱溟全集》第二卷，山东人民出版社 2005 年版，第 161 页。
② 同上。
③ 《晏阳初全集》第一卷，天津教育出版社 2013 年版，第 221 页。

农业基本知识、改良动植物品种、倡办手工业和其他副业、建立和开展农民戏剧、演唱诗歌民谣等积极的活动，从整体上改变乡村面貌，从根本上重建民族精神。

可以说，"乡村建设运动"的出现，不仅是农村落后破败的现实促成的，也是知识界对农村重要性自觉体认的产物，两者的结合，导致了领域广阔、面貌多样、时间持久、影响深远的"乡村建设运动"。而在"乡村建设运动"的高峰时期，各地所开展的乡村建设事业历史有长有短，范围有大有小，工作有繁有易，动机不尽相同，都或多或少地受到了邹平实验区、定县实验区的影响。

20世纪前期中国的乡村建设，除了知识分子领导的"乡村建设运动"，还有1927－1945年南京国民政府推行的农村复兴运动，以及1927－1949年中国共产党领导的革命根据地的乡村建设。

"农村复兴"思潮源起于20世纪二三十年代，大体上与国民政府推动的国民经济建设运动和由社会力量推动的"乡村建设运动"同时并起。南京国民政府为巩固政权，复兴农村，采取了一系列措施：一是先后颁行保甲制度、新县制等一系列地方行政制度，力图将国家政权延伸至乡村社会；二是在经济方面，先后颁布了多部涉农法律，新设多处涉农机构，以拯救处于崩溃边缘的农村经济；三是修建多项大型水利工程等，以改善农业生产环境。1933年5月，国民政府建立隶属于行政院的农村复兴委员会，发动"农村复兴运动"。随着"乡村建设运动"的开展，赞扬、支持、鼓励铺天而来，到几个中心实验区参观学习的人群应接不暇，平教会甚至需要刊登广告限定接待参观的时间，南京国民政府对乡建实验也给予了相当程度的肯定。1932年第二次全国内政工作会议后，建立县政实验县取得了合法性，官方还直接出面建立了江宁、兰溪两个实验县，并把邹平实验区、定县实验区纳入县政实验县。

1925年，成立已经四年的中国共产党，认识到农村对于中国革命的重要性，努力把农民动员成一股新的革命力量，遂发布《告农民书》，开始组织农会，发起农民运动。中国共产党认为中国农村问题的核心是土地问题，乡村的衰败是旧的反动统治剥削和压迫的结果，只有打碎旧的反动统治，农民才能获得真正的解放；必须发动农民进行土地革命，实现"耕者有其田"，才能解放农村生产力。在地方乡绅和知识分子开展"乡村建设运动"的同时，中国共产党在中央苏区的江西、福建等农村革命根据地，开展了一系列政治、经济、文化等方面的乡村改造和建设运动。它以土地革命为核心，依靠占农村人口绝大多数的贫雇农，以组织合作社、恢复农业生产和发展经济为重要任务，以开办农民学校扫盲识字、开展群众性卫生运动、强健民众身体、改善公共卫生状况、提高妇女地位、改革陋俗文化和社会建设为保障。期间的尝试和举措满足了农民的根本需求，无论是在政治、经济上，还是社会地位上，贫苦农民都获得了翻身解放，因而得到了他们最坚决的支持、拥护和参与，为推进新中国农村建设积累了宝贵经验。与乡建派的乡村建设实践不同的是，中国共产党通过领导广大农民围绕土地所有制的革命性探索，走出了一条彻底改变乡村社会结构的乡村建设之路。中国共产党在农村进行的土地革命，也促使知识分子从不同方面反思中国乡村改良的不同道路。

"乡村建设运动"的理论和实践，说明在当时的现实条件下，改良主义在中国是根本行不通的。在当时国内外学界围绕乡村建设运动的理论和实践，既有高歌赞赏，也有尖锐批评。著名社会学家孙本文的评价，一般认为还算中肯：尽管有诸多不足，至少有两点"值得称述"，"第一，他们认定农村为我国社会的基本，欲从改进农村下手，以改进整个社会。此种立场，虽未必完全正确；但就我国目前状况言，农村人民占全国人口百分之七十五以上，农业为国民的主要职业；而农产不振，农村生活困苦，潜在表现足为整个社会进步的障碍。故改进农村，至少可为整个社会进步的张本。第二，他们确实在农村中不畏艰苦为农民谋福利。各地农村工作计划虽有优有劣，有完有缺，其效果虽有大有小；而工作人员确脚踏实地在改进农村的总目标下努力工作，其艰苦耐劳的精神，殊足令人起敬。"① 乡村建设学派的工作曾引起国际社会的重视，不少国家于二次世界大战后的乡村建设与社区重建中，注重借鉴中国乡村建设学派的一些具体做法。晏阳初1950年代以后应邀赴菲律宾、非洲及拉美国家介绍中国的乡村建设工作经验，并从事具体的指导工作。

总起来看，"乡村建设运动"在中国百年的乡村建设历史上具有承上启下、融汇中西的作用，它不仅继承自清末地方自治的政治逻辑，同时通过村治、乡治、乡村建设等诸多实践，为乡村振兴发展做了可贵的探索。同时，"乡村建设运动"是与当时的社会调查运动紧密联系在一起的，大批学贯中西的知识分子走出书斋、走出象牙塔，投身于对中国社会的认识和改造，对乡村建设进行认真而艰苦地研究，并从丰富的调查资料中提出了属于中国的"中国问题"，而不仅是解释由西方学者提出的"中国问题"或把西方的"问题"中国化，一些研究成果达到了那个时期所能达到的巅峰，甚至迄今难以超越。"乡村建设运动"有其独特的学术内涵与时代特征，是我们认识传统中国社会的一个窗口，也是我们今天在新的现实基础上发展中国社会科学不能忽视的学术遗产。

历史文献资料的收集、整理和利用是学术研究的基础，资料的突破往往能带来研究的创新和突破。20世纪前期的图书、期刊和报纸都有大量关于"乡村建设运动"的著作、介绍和研究，但目前还没有"乡村建设运动"的系统史料整理，目前已经出版的文献多为乡建人物、乡村教育、乡村合作等方面的"专题"，大量文献仍然散见于各种民国"老期刊"，尘封在各大图书馆的"特藏部"。本项目通过对"乡村建设运动"历史资料和研究资料的系统收集、整理和出版，力图再现那段久远的、但仍没有中断学术生命的历史。一方面为我国民国史、乡村建设史的研究提供第一手资料，推进对"乡村建设运动"的理论和实践的整体认识，催生出

---

① 孙本文：《现代中国社会问题》第三册，商务印书馆1944年版，第93-94页。

高水平的学术成果；另一方面，为当前我国各级政府在城乡一体化、新型城镇化、乡村教育的发展等提供参考和借鉴，为乡村振兴战略的实施做出应有的贡献。

由于大规模收集、挖掘、整理大型文献的经验不足，同时又受某些实际条件的限制，《20世纪"乡村建设运动"文库》会存在着各种问题和不足，我们期待着各界朋友们的批评指正。

是为序。

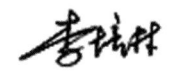

2018年11月30日于北京

# 编辑体例

一、《20世纪"乡村建设运动"文库》收录20世纪前期"乡村建设运动"的著作、论文、实验方案、研究报告等,以及迄今为止的相关研究成果。

二、收录文献以原刊或作者修订、校阅本为底本,参照其他刊本,以正其讹误。

三、收录文献有其不同的文字风格、语言习惯和时代特色,不按现行用法、写法和表现手法改动原文;原文专名如人名、地名、译名、术语等,尽量保持原貌,个别地方按通行的现代汉语和习惯稍作改动;作者笔误、排版错误等,则尽量予以订正。

四、收录文献,原文多为竖排繁体,均改为横排简体,以便阅读;原文无标点或断句处,视情况改为新式标点符号;原文因年代久远而字迹模糊或纸页残缺者,所缺文字用"□"表示,字数难以确定者,用(下缺)表示。

五、收录文献作为历史资料,基本保留了作品的原貌,个别文字做了技术处理。

# 编者说明

1935年,山东乡村建设研究院编印了《邹平农村金融工作实验报告》;1936年6月,山东邹平实验县政府编辑了《邹平乡村自卫实验报告》,由邹平乡村书店发行。本次编辑,将两书合为一卷,收入《20世纪"乡村建设运动"文库》。

# 邹平乡村自卫实验报告

山东邹平实验县政府 编

# 目　次

**第一章　邹平乡村自卫之要旨** …………………………（ 1 ）

　　一　以成年农民为乡村自卫之主体 ………………（ 2 ）

　　二　以实施成人教育为自卫训练之主旨 …………（ 2 ）

　　三　以地段编制为自卫组织之体系 ………………（ 3 ）

　　四　以乡会乡射为训练后之定期补习训练 ………（ 3 ）

　　五　以抽调补习训练为建立民兵制度之实验 ……（ 4 ）

　　六　以推进乡村事业为自卫组织之运用 …………（ 5 ）

　　七　培植乡村自卫干部完成训练步骤 ……………（ 5 ）

**第二章　邹平划为实验县以前之自卫概况** ……………（ 7 ）

　关系文件

　　一　山东各县联庄会暂行章程 ……………………（ 8 ）

　　二　山东各县联庄会会员训练简要办法 …………（ 10 ）

　　三　邹平县联庄会训练实施细则 …………………（ 11 ）

**第三章　邹平自卫实验第一期之设施**

　　　　　——二十二年七月至二十三年六月底 ……（ 12 ）

　第一节　成立民团干部训练所改设干部队及征训队 ……（ 12 ）

　关系文件

　　山东省政府批准裁撤民团大队部改设民团干部训练

　　　所之训令 ……………………………………………（ 12 ）

　第二节　干部队之训练及其任务 …………………（ 13 ）

　第三节　征训队之训练及其任务 …………………（ 13 ）

**关系文件**

    一　邹平实验县民团干部训练所征训员送考简章 ……（14）

    二　民团干部训练所征训队学员回乡取枪应

       注意事项 …………………………………………（15）

    三　征训队学员二次回乡宣传集中训练联庄会应

       注意事项 …………………………………………（16）

    四　邹平实验县征训队学员服务规则 ……………（17）

**第四节　改订联庄会训练办法及第一届训练情形** ……（19）

**关系文件**

    一　邹平实验县联庄会训练暂行办法 ……………（21）

    二　山东邹平实验县第一届联庄会训练班暂行

       编制表 ……………………………………………（23）

    三　山东邹平实验县第一届联庄会训练班全期

       学术科总计划表 …………………………………（23）

    四　邹平实验县联庄会训练班假期内会员

       应遵守及注意事项 ………………………………（23）

    五　第一届联庄会训练班（两期）各乡会员文盲

       与识字人数统计表 ………………………………（31）

**第五节　邹平联庄会训练后之组织及其任务** ………（32）

    一　训练后之组织——乡队及村组 ………………（32）

    二　训练后之训练——乡会乡射及野外演习 ……（34）

    三　训练后之任务 …………………………………（35）

**关系文件**

    一　邹平实验县联庄会会员组织及服务规则 ……（36）

    二　邹平实验县修正各乡联庄会乡会乡射实施办法 …（39）

    三　邹平实验县各乡出夫打更守夜办法

       （选录第一乡、第三乡）…………………………（46）

**第六节　乡队长之补习训练** ……………………………（47）

**第七节　民团干部训练所之改组** ………………………（52）

第四章　邹平自卫实验第二期之设施
　　　　——二十三年七月至二十四年六月底 …………（53）
第一节　第一期村组长补习训练 ……………………（53）
关系文件
　　一　邹平实验县联庄会各乡队现任村组长训练
　　　　暂行办法 ……………………………………（54）
　　二　邹平实验县村组长补习训练军民事学科教育
　　　　进度表 ………………………………………（55）
　　三　邹平实验县村组长补习训练术科教育进度表 …（55）
第二节　第二届联庄会训练及乡集合训练之实验 ………（55）
关系文件
　　第二届各乡选送联庄会会员注意事项
第三节　裁撤民团干部训练所，成立警卫队，实施联庄会
　　　　会员抽调补习训练 …………………………（65）
关系文件
　　一　呈送修正邹平实验县县政府组织暂行办法呈文 …（66）
　　二　警卫队经费预算表 ………………………………（68）
第四节　第二、三期村组长补习训练 ……………………（70）
第五节　举办青年义务教育训练班实施成人军事训练
　　　　——即村集合训练之实验 …………………（71）
关系文件
　　一　第十三乡农间青年训练实施办法 ………………（72）
　　二　邹平实验县青年义务教育实施大纲 ……………（73）
　　三　邹平实验县青年义务教育课程纲要 ……………（75）
　　四　邹平实验县青年义务教育奖惩办法 ……………（76）

第五章　邹平自卫实验第三期之设施
　　　　——二十四年七月至二十五年六月底 …………（78）
第一节　第一期会员抽调补习训练 ………………………（78）
第二节　训练号令员（即第二期会员抽调补习训练） …（78）

**关系文件**
  邹平实验县号令员实习规则 …………………………（79）

**第三节　第三届联庄会训练实行乡集合训练** ……………（80）

**关系文件**
  一　邹平实验县第三届联庄会分乡训练暂行办法 ……（82）
  二　邹平实验县第三届联庄会训练管理规则 …………（85）
  三　邹平实验县第三届联庄会训练班生活时序表 ……（91）
  四　邹平实验县第三届联庄会训练班学科教育
      时间分配表 ………………………………………（92）
  五　邹平实验县第三届联庄会训练班各周学科
      时间表 ……………………………………………（93）
  六　邹平实验县第三届联庄会训练班术科教育
      时间分配表 ………………………………………（101）
  七　邹平实验县第三届联庄会训练班各周术科
      教育进度预定表 …………………………………（102）
  八　邹平实验县第三届联庄会训练班值日报告簿 ……（118）
  九　邹平实验县第三届联庄会训练班值星簿 …………（118）
  十　邹平实验县第三届联庄会训练班结业学科
      考试成绩表 ………………………………………（119）
  十一　邹平实验县第三届联庄会训练班结业术科
        考试成绩表 ……………………………………（119）
  十二　邹平实验县第三届联庄会训练班总队部服
        务人员一览表 …………………………………（120）
  十三　邹平实验县第三届联庄会训练班各队服务
        人员一览表 ……………………………………（120）

**第四节　第二次乡队长补习训练** ……………………………（121）

**关系文件**
  一　邹平实验县第二次乡队长补习训练术科进度表 …（121）
  二　邹平实验县第二次乡队长补习训练野外演习

    计划表 ………………………………………………（124）
 第五节 扩充村组改选村组长 ……………………………（126）
 第六节 第二次村组长补习训练 …………………………（126）
 关系文件
  村组长须知提要 ………………………………………（127）
 第七节 续施成人军事训练 ………………………………（131）
 关系文件
  一 成年教育纲要 ……………………………………（132）
  二 邹平实验县成年教育实施办法 …………………（133）
  三 邹平实验县实施成年教育奖惩办法 ……………（135）
  四 邹平实验县成年部学生请假规则 ………………（136）
  五 邹平实验县成年教育课程说明书 ………………（136）
  六 邹平实验县成年教育课程表 ……………………（138）
  七 邹平实验县成年教育军训术科教育进度预定表 …（141）
 第八节 第三期会员抽调补习训练 ………………………（143）

第六章 下年度之计划
   ——二十五年七月至二十六年六月底 ……………（144）
 第一节 关于训练新会员者 ………………………………（144）
  一 续施乡集合训练 …………………………………（144）
  二 补充乡集合训练之人才与设备 …………………（145）
 第二节 关于会员之补习训练者 …………………………（145）
 第三节 续施成人军事训练 ………………………………（146）
 第四节 补充民间枪枝 ……………………………………（146）
 附录 训练联庄会会员歌词选 ……………………………（146）
  一 党歌 ………………………………………………（146）
  二 国旗歌 ……………………………………………（147）
  三 武装老百姓歌 ……………………………………（147）
  四 救国歌 ……………………………………………（147）
  五 乡村自卫歌 ………………………………………（147）

六　服从团体命令歌 …………………………………………（147）

七　吃饭歌 ……………………………………………………（148）

八　责任歌 ……………………………………………………（148）

九　训练队队歌 ………………………………………………（148）

十　奋发精神歌 ………………………………………………（148）

十一　民族道德歌 ……………………………………………（149）

十二　守本分歌 ………………………………………………（149）

十三　精神陶炼歌 ……………………………………………（149）

十四　认真训练歌 ……………………………………………（150）

十五　早起歌 …………………………………………………（150）

十六　朝会歌 …………………………………………………（150）

十七　轮流当会员歌 …………………………………………（151）

十八　劝办联庄会歌 …………………………………………（151）

十九　邹平风景歌 ……………………………………………（152）

二十　爱惜光阴歌 ……………………………………………（152）

二十一　出操歌 ………………………………………………（152）

二十二　团结歌 ………………………………………………（152）

# 第一章　邹平乡村自卫之要旨

"自卫"一辞之产生，在吾国尚无甚久之历史，最近十数年来方盛道之。而合于自卫体制之组织，同于自卫训练之礼俗，如管子什伍之政，周代邻比之法，以及乡射乡饮之礼，宋明乡约之教，已早见于吾国古代社会；惟古代社会之事较今为简，国家及地方政制悉异于今，人民无所谓"自"，保卫之责，自在政府。故古有保民卫民之政，而无自治自卫之说。自仿行西洋自治制度以来，国人始习闻自治之名，乃以频遭兵灾匪患之扰，乡村惨受其害，破坏日急，自治之制，迄尚未见其功。至是，惟乡村保卫，人民独感其要，形势所趋，则不得不求诸自卫。近今国人之重视自卫者，率由于此。而自卫之崇尚，今诚盛矣：以考其盛倡之由，又实国人之一痛心事也！虽然，自卫之义，亦以此致一般之意识因之以狭。自卫之训练与组织苟只重在保卫乡村之一面，而不能广致其用，则流弊所及，亦每接踵而至，早为世人所共见矣。本县自划为实验县，将届三载，关于自卫办法之订定，举凡训练与组织，务在防其弊而广其用，以正地方自治之端绪，树立乡村建设之基础。至于保卫乡村治安，不过为消极任务之一面。言其要旨，尤在不失其积极一面之任务。试分言于次：

## 一　以成年农民为乡村自卫之主体

乡村自卫，必以农民之自力为主体，方能广其效而久于用。否则一时之组合，虽有保卫之实力，仍为招募之团队，每为豪绅所把持，武断乡里；团勇队兵，日久而骄横，农民反受其鱼肉。求自卫而因以自害，此过去办理自卫之通弊。本县自卫办法，首先确定以成年农民为主体，征调训练，悉为十八岁以上三十岁以下之成年农民，尤以先施于富农之子弟为主旨。严杜以游民雇替，公庄得以减少损失。富农倡率于前，依次征训，贫农即无所观望。自卫以求诸自力，则自力日增，自卫益固，以是成为有生机之自卫组织，愈久而生机愈强，久治而不敝，故能广其效，并得以为推进一切乡村事业之中心。

## 二　以实施成人教育为自卫训练之主旨

自卫训练，单就保卫治安，服从纪律，及动作整齐上言之，自应以军事训练为重；惟受征训之人，悉为乡村具有生产能力最强之一部分成年农民，苟并为乡村种种事业之推进，则必以此一部分成年农民为中心，又必赖一般民众智识有进步，整个乡村有组织而后可。故推进乡村，则必由组织民众，训练民众作工夫。本县之自卫训练，是即训练民众之端绪。自卫组织，正为组织民众之基础。凡被征训之成年农民，皆为后日训练民众组织民众之干部。以是本县之自卫训练与自卫组织，均具有其广义的任务，非仅求其足以自卫已也。故于自卫训练之中，乃以实施成人教育为主旨，而与军事训练相表里。训练课程，除军事学科术科外，计有公民常识，三民主义浅说，史地常识，乡土史地，警察服务须知，农业常识，中华民族故事，合作概要，法律常识，自卫要义，乡村建设大意，联庄会会员须知，珠算，户籍，及人事登记常识等课目。而于干部训练，及各种补习训练时，则加社会调查，户籍法，成人教育办法，及应用文等课目。但在以上课目外，尤注重于精神陶炼，以提振其民族意识，养成其纪律生活。并重乡约之讲解，以改进乡村礼俗，发扬地方正义。又其官长均尊之为师长，训后回乡，依然师友同学之称。虽具军人精神，绝无不良习气。此尤为本县办理自卫极端注意之一面也。

### 三　以地段编制为自卫组织之体系

地方自卫之组织，必须寄于地方全体民众，平时则可以守望相助，有警亦易于集合迅速，此自卫组织之要义也。本县之自卫组织，为与山东全省联庄会编制取名划一起见，亦以联庄会为名。凡受过征训之成年农民，即谓为联庄会会员。在受训期间，临时设立训练机关，曰联庄会训练班。将征训之会员，分编为若干训练队，以县长为总队长，训练两月，期满遣回本乡，即就各乡所有会员编为某乡乡队，隶属于乡学，山乡队长指挥之。各乡队之会员，平时均居住本村，各村亦就其本村或邻近二三小村之会员即编为一村组，隶属于村学。无村学之村，即属于本村，受村组长之指挥，直辖于乡队。至于乡队与村组之人数，及各乡队所辖之组数，均不必同，各随其乡村之大小而异。（详细办法见第三章第五节）全县各乡队则悉受本县警卫队（最初为民团干部训练所，二十四年一月裁撤，改设警卫队，详见第四章第三节）之统一指导。以此为地段部队之编制，平时会员相互间既素相熟识，演习便利，自能相亲相助，本同伍亲邻之谊，作同志同气之团结。遇事则召集迅速，即时可以成军。就全县之保卫任务言之，则为强固之后备，而于各村之治安维持言之，实为常备之民兵。故此种自卫体系之树立，无论何时何地皆充分驻有自卫之武力也。

### 四　以乡会乡射为训练后之定期补习训练

自卫组织必为有训练之组织，方能发生组织之效能。若只为一次之基本训练，不能继续不断的施以补习训练，则其所受基本训练之精神，亦决难永保而不消失。此种自卫组织，仍难望其发生力量。民众自卫组织之主旨，在能发挥其自力，尤在能保存其永久之效能，故必须为有生机之自卫组织而后可。此种组织之本体为成年农民，其生机之畅旺与否，既视与农民生活之关系如何而定。一面固必须维持其基本训练之精神以久，一面更必须保持农民生活之常度以安，而后方能得自卫组织之妙用。本县每届联庄会会员于受过两个月之基本训练编入乡队后，每月须集合至乡学一次，举行乡射，（办法见第三章第五节）以为训练后之定期补习训练。逐月举行，不仅操练演习，俾娴其军事，予以精神上之提振，并借聆师长训话，明晓政令时事，更能助其智识日增。而每月一次，实无大碍于农事，以妨害其生业，农民亦不以为苦，安行日久，习惯自成。会员与其乡学师长之关系绵续于平时，临事调集，自能整齐而迅速。此种定期补习训练之作用，实较基本训练为尤重要也。

**五　以抽调补习训练为建立民兵制度之实验**

吾国现行兵制，无论国防军或警卫地方之部队，悉为招募之兵，糜饷病民，国人苦之久矣。为改革兵制之论者，咸主民兵制度之应建立。惟以限于国情，遽欲废除募兵，实为现在形势所难行。不过民兵制度之建立，必先试行于地方自卫组织健全之后，逐步实验，以开风气，迨至警卫地方之部队，悉用征调之民兵，尽废招募，而后国防军队之改革，方易着手。本县由办理自卫训练，以求自卫组织之健全，约如上述各端，因于自卫组织确立之后，而有村组长之补习训练，（办法见第四章第一节）每期调训四十名，受训四个月，计分三期训练完竣。查此种训练之主旨，虽重在学术科之补习，以资深造。但当其受训期间，即自然形成一种实力，足当警卫地方之任务。本县以得此实验结果，遂确定裁撤民团干部训练所，而成立警卫队。（办法见第四章第三节）一面为会员补习训练机关，仍规定每期四十名，受训四个月，逐期抽调训练，以健全下级干部；一面使负担警卫地方之任务，以代召募之团兵。期满仍遣回各乡乡队，照常服务。相习日久，征调亦易，以此为建立民兵制度之实验，概能日近之矣。

### 六　以推进乡村事业为自卫组织之运用

本县自卫组织之运用，除以保卫农村治安为其基本任务外，他如办理户籍人事登记及成人教育之军事训练等事，现在已悉寄托于自卫组织以推进。（本县各乡户籍主任由队副兼任，户籍员由联庄会会员中选充，各村学或村立学校之成人部军事教员及班长，均以村组长与会员分任之。）至于合作社之社员与职员中，亦日见增多曾受自卫训练之会员。兹就形势之推演观之，联庄会会员以曾受相当训练之故，用以协助各种事业之推进，实至顺且易。彼各种事业之类别虽殊，其所具之中心精神则一，以其本身均在自卫组织之中，对于自卫上之任务，及其应遵守之纪律，已为不易之要件，虽委以其他事业之任务，仍不得脱离自卫组织。以是自卫组织愈充实，则乡村事业愈易举；乡村事业愈扩展，则自卫组织愈坚固。故本县之自卫训练逐年推进，即为民众训练之逐年推广。迨至各村之人材足以敷用，村集合训练得以实施，乡村农民不难尽纳于自卫组织之中。至是则农民将尽为有训练有组织之民众，凡须寄托于农民自力之事业，即无异寄托于自卫组织之下，则此自卫组织自足以策动各项事业之进行。故以此为自卫组织之运用，不但为民众组织之基础，并足为一切事业之核心也。

### 七　培植乡村自卫干部完成训练步骤

本县办理自卫之要旨，已如上述。然此为改进社会之重要事项，惟乡俗民气，乃社会之一自然秩序，亦当于社会改进上发生至大之阻力。吾国民情轻武，素耻为兵，尤以近年来军队给予人民之印象不良，一般农民对于自卫训练，率皆误为征调民兵，以是鲜不视受训为畏途，此其难行者一。再则办理自卫之人材亦极不易选求，如只有军事知识，而不明自卫训练之旨趣，怒难尽免普通军队训练之绩习，亦易滋生流弊，此其难行者二。以是本县于筹办自卫之始，知必培植新干部以树立新基础，方足以当此重任，决非急切可为者，故首成立征训队，考选各乡之优秀青年，以养成各乡干部人材，并即以深结地方之信心，而后方开始训练。由县集合训练（即集中县城训练）以渐进于乡集合训练，（即分乡训练）期达于村集合训练，（各村之成年农民均就本村训练）务使农民不离乡村而受训。久则里党确知其所在，人民习见其定名，不但乡村自卫之义将尽人可得以了解，而乡村一切浮伪之弊，亦即杜绝于平时矣。办理自卫之步骤，此又不可以不办也。

综上七点，可知本县三年来乡村自卫之实验，以与教育相表里，诚负有完成乡村建设之任务；今后推行改进，则犹有待于继续研究也。

# 第二章　邹平划为实验县以前之自卫概况

邹平之自卫组织，民初间，散于乡村者，曰团练局；由县招募者，曰县队。民八以后，县队改称警备队，团练改为保卫团。民十二，警备队亦改称保卫团。民十九，改编保卫团为民团大队部，并遵照山东各县联庄会暂行章程组织联庄会。按本章程之规定，每县为一联庄总会，以县长为总会长；每区为一联庄分会，以区长为分会长；每乡镇为一甲，以乡长或镇长为甲长。当经县政会议议定训练办法，以里为单位，全里各甲之会员，分三期训练，以一个月为一期，每期抽调三分之一，由各里里长负责训练，分会长督饬办理。每里会员每期须足十分之一，常川驻防该里适宜地点，由分会教练员巡行教练。廿一年三月，全县区长会议，订定邹平县联庄会训练实施细则，规定各庄每日抽集会员五分之一，编成值日牌，值日期限定为六日，每月轮流一周，以担任警卫。五月，选乡村建设研究院自卫班学员十名，为催办联庄会专员，督促联庄会之编制。至十一月，已编入之会员，计有九千七百九十四名。复奉到山东各县联庄会会员训练班简要办法，乃斟酌本县情形，略为变通，在各区民众学校内增设联庄会训练班。由民众学校教员及军事教练担任训练，第一期训练三个月，第二期以后均训练十五日。除颁定之课程外，复授以精神陶炼，农业常识等课程，已渐接近于自卫之新途径矣。

## 关系文件

### 一　山东各县联庄会暂行章程

第一条　联庄会以增进人民自卫能力，协助军警维持治安为宗旨。

第二条　凡各县所属各村，无论大小，均应遵照本章程组织联庄会，其原有之自卫组织，除保卫团依法改编民团外，一律改组之。

第三条　各县联庄会之编制，每县为一总会，以县长为总会长，每区为一分区，以区长为分会长，每庄或镇为一甲，以庄长或镇长为甲长。

第四条　凡二十岁以上四十岁以下之男子，均有充当会员之义务；但有下列情形之一者得免除之：

（一）残废者。

（二）心神丧失，或精神耗弱者。

（三）在外有职业或现任本地方公职者。

（四）在学校肄业者。

第五条　联庄会分会长，由县长委任，呈报民政厅备案。

第六条　各甲长应将下列切结、送由分会长转呈总会长备案。

（一）甲长三名以上联保切结。

（二）同甲五户以上联保切结或不满五户之互保切结。

前项结式另定之。

第七条　联庄会办公地点，就地方原有之庙宇或公所设置之。

第八条　联庄会除总会盖用县印外，各分会图记由总会刊发之。分会图记，非关系本会事宜不得钤用。

第九条　联庄会使用原有自卫枪枝不足时，得备价呈由总会长购置之。

第十条　联庄会旗帜另定之。

第十一条　各县联庄会总分会长姓名履历，及甲长姓名，应一并造册，呈送民政厅备案。

第十二条　联庄会负有清查匪类暨私带军用物品之责。

第十三条　各庄镇遇有水火盗贼，及其他非常事变时，各甲长应以一定警号召集会员，分任围捕消防事宜，并一面飞报分会核办，及邻近庄镇协助。除匪徒拒捕得正常防卫外，所获盗匪，应即解送该管官署依法讯办，不得擅自处理。

第十四条　各甲长牌长，闻邻近庄镇有警变时，应即招集会员，前往协助。

第十五条　各分会长接到警报时，应即招集本会会员前往应援，遇情节重大者，并应报请总会调派军警赴剿。

第十六条　总会长接到前项警报时，除调度剿捕外，并应飞报民政厅转呈省政府核办。

第十七条　联庄会会员任务，以不出县境为原则；但在边界各庄镇，应与邻县毗连之联庄会互相协剿。

第十八条　联庄会因捕获盗匪所得之脏证，应即呈送总会长依法处理。

第十九条　联庄会经费由地方自筹，每月不得过二十元。

第二十条　联庄会人员，一律为义务职。

第二十一条　联庄会会员具有下列情事之一者，得由县政府呈民政厅转呈省政府奖恤。

（一）捕获经通缉或悬赏缉拿之著匪或反革命份子者。

（二）遇盗匪抢劫或反革命份子扰乱当场捕获者。

（三）协同他庄镇捕获盗匪，或反革命分子者。

（四）夺获盗匪或反革命份子枪械者。

（五）因捕获盗匪或反革命份子，被伤或毙命者。

第二十二条　联庄会会员有下列情事之一者，得由县政府核奖。

（一）密报盗匪或反革命份子，于窝藏处所因而捕获，证明属实者。

（二）救火御灾异常出力者。

第二十三条　联庄会会员具有下列情事之一者，由县政府分别征办或呈请民政厅转呈省政府核办。

（一）庄镇内容留盗匪及反革命份子，或形迹可疑之人，隐匿不报或明知故纵者。

（二）庄镇内发生抢劫重案不能依限捕获者。

（三）遇警无故不到者。

第二十四条　本章程如有未尽事宜得由民政厅呈请省政府修正之。

第二十五条　本章程自省政府政务会议议决公布之日施行。

## 二　山东各县联庄会会员训练简要办法（二十年十一月）

（一）各县各区联庄分会会员应依本办法之规定，分期训练之。

（二）每次酌调各甲会员平均分配各区分会所在地适中地点轮流训练；但每天总额：一等县以四百人为限，二等县以三百人为限，三等县以二百人为限。

（三）每次训练期间以十五日或一星期为限；但于农忙必要时，可暂免调练。

（四）训练之课程如下：1. 人民对国家应尽之义务；2. 人民当守法安分，保全身家；3. 地方自卫要义；4. 各种长枪短枪击法大要；5. 军队排列进行法大要。

（五）前条所列课程，遇必要时得增减之。

（六）每天训练以各区区长兼任训练主任，不另支薪。

（七）军事课程由县长就民团官长中遴委担任之，其他课程由区公所职员兼任，均为义务职。

（八）每次训练会员由各区长责成本庄庄长代筹伙食；所需笔墨纸张灯油茶水等费，由县地方预算项下撙节开支。

（九）本办法自公布之日施行；如有未尽事宜，得随时修正之。

### 三　邹平县联庄会训练实施细则（十一年三月）

（一）本细则依据山东联庄会暂行章程制定之。

（二）凡二十岁以上四十岁以下之男子皆为会员。每日至少每家须派出一人以便轮流守卫；但家无男丁并无雇工者不在此限。

（三）每户应派之会员中，每日抽集五分之一守夜打更；例如某庄有五十户，应派之会员为五十人，每日须抽集十人守夜打更，——名为值日牌，每牌自行推举牌长一人。

（四）每庄值日共分五牌，由甲长按户编定；值日期定为六日，一个月轮流一周。每日晚饭后集合，次晨日出散归休息；集合时如有托故不到者，准由各甲长禀由总会长从严惩处。

（五）每庄借用庙宇或商置闲屋一所，以便值日会员每日晚饭后于此集合。集合后，由牌长轮派五分之一打更，其余寄宿屋内；屋外务悬铁钟或铜锣一个，有警即鸣钟敲锣示众。本庄及邻庄会员，闻警即须集合前往协助。

（六）值日会员须携带枪支；其穷无枪支者，由甲长负责通融借用。

（七）庄户有丁银二两以上者须自购来福枪一支，四两以上者购抬枪一支，五两以上者购快枪一支。

（八）各庄胡同路口太多者，由甲长酌量情形堵塞，以资防守。

（九）以上办法除临时派员分赴各庄严查外，概由分会长里长督饬各甲长负责整顿；如有任意废弛，致该庄发生抢劫，定惟该甲长是问。

（十）值日会员每日守夜，茶水零费由各值日会员自行协议，各该甲长不得借故敛钱。

（十一）本细则如有未尽事宜，概依山东各县联庄会暂行章程提交县政会议修正之。

（十二）本细则自公布日施行。

# 第三章　邹平自卫实验第一期之设施

二十二年七月至二十三年六月底

## 第一节　成立民团干部训练所改设干部队及征训队

邹平在未划为实验县前，维持治安之实力为公安局及民团大队，所有兵警，共一百二十名。于二十二年七月一日划为实验县后，为巩固地方防务，树立自卫基础并试行民兵制度计，即拟改组旧有兵警，办理自卫训练，建立自卫组织，化募为征，期于短期内遣尽全县招募之兵警，而易以曾受训练能供征调之民兵。以是于二十二年七月十六日，裁撤民团大队部及孙家镇之公安局分驻所，成立民团干部训练所，改设干部队及征训队两分队，置所长一人，督教练一人，分队长二人，所长由县长兼任。此乃就当时实况以为初步之改进，自不能不受事实之限制，故尚须顾及经费之适合。其经费：在公安局与民团大队部未改组前二十一年度之民团经费预算为三千三百六十八元，改组后二十二年度之预算为三千四百七十元。只较增一百零二元耳。

**关系文件**

### 山东省政府批准裁撤民团大队部改设民团干部训练所之训令

为令遵事：案据山东乡村建设研究院院长梁耀祖副院长王绍常

呈称：

"窃职院实验区邹平县实验计划，业经呈请钧府核示，奉本月元日慎密电令略开：以所呈计划大体可行，仰先着手准备实施，免致废误等因□案。遵即着手办理。惟查前呈计划内载关于改组警团及充实民众武力之计划诸项，有将民团大队部裁撤，改设民团干部训练所之一条，兹为遵令实施以巩固地方防务起见，拟请钧府电饬鲁北第二路民团指挥部迅速转饬邹平民团大队副结束交代，并由钧府电饬邹平县长迅速照案改组，以资训练而维治安，实为公便。"

据此，除指令并分行外，合行令仰该县长即便遵照办理！

此令

## 第二节　干部队之训练及其任务

干部队系民团大队，及公安局之孙家镇分驻所裁撤后，选留精壮而成者。共编为三班计三十九名。在本县自卫组织未建立之前，使代前之民团大队及公安分驻所，负维持地方治安之责。此虽仍属以前招募之兵警，要亦为改进期间不得不有之一过渡组织。然于该队之训练，除施以严格之术科教育外，且授以精神讲话，步兵操典，自卫要义，野外勤务，陆军礼节，射击教范及战斗纲要等课程，所以陶练其精神，提高其程度，并期其亦足为将来办理自卫之干部也。

## 第三节　征训队之训练及其任务

按照本县实验计划，民团干部训练所应附设征训队以作将来办理自卫之核心。是以该所成立后即行设立征训队。征训之法，系由各乡乡理事选送本乡身体健全，品性端方，无不良嗜好，年在二十岁以上二十五岁以下，具有高小毕业程度，且有身家财产者四名，经该所甄别试验，共录取三十三名。其服装书籍膳宿各费，均由县供给，予以四个月之严格训练。所学功课，除军事学术科外，有应用文，户籍法，自卫要义，经济常识，社会调查及棉业合作等课程。在本县预定之计划，待该队学员训练期满，联庄会训练即应开办，故于其结业前特遣回乡，先事宣传行将举办联庄会训练之意义，以免农民临时发生误会。此行收效颇宏。及其结业后，即以充任本县联庄会训练之干部，担任排长助教等职，并于第一届联庄会训练结业后，复按其所属乡籍由县政府派充为各该乡学正副乡队长；其未派往各乡学者，则留本县民团干部训练所服务。各乡正副乡队长皆直隶于乡学，受乡理事之指挥监督，统率全乡会员，维持地方治安，及担任宣传政令，协助建设，训练民众，户口调查，人事登记，查禁烟赌，宣传改良劣习等工作。不特可以辅助行政之设施，抑且可以沟通政府民众间之隔阂也。

**关系文件**

**一 邹平实验县民团干部训练所征训员送考简章**

（1）定名　本简章定名为邹平实验县民团干部训练所征训员送考简章。

（2）宗旨　以培养民团干部人才，训练农民自卫，普及民兵制度为宗旨。

（3）名额　第一期以三十名为定额。

（4）资格　身体健全，品行端方，并无嗜好，曾由高级小学毕业，或具有同等学力者。

（5）年龄　以二十岁以上二十五岁以下为合格。

（6）征训办法　每乡由乡理事选送合格学员四名，经本所甄别试验，择优录取二名，实施训练；但第十三乡因区划特大，得加倍保送录取。

（7）试验课程　国文，算术，常识，口试，身体检验。

（8）待遇　服装，书籍，宿膳等费，概由本所供给。

（9）毕业期限　以四个月为期，期满毕业后，分派各乡学村学，训练民众自卫，并办理户籍事宜。

（10）试验日期　八月二十日早八点到研究院候试。

（11）开学日期　八月二十五日。

（12）本简章自呈奉山东乡村建设研究院核准之日施行，如有未尽事宜，得呈请修正之。

## 二　民团干部训练所学员回乡取枪应注意事项

（一）县地方会议议决本所学员准予本月二十四日各返本乡取用枪支，并通令在案。

（二）各乡学员返里时分成六组，以住址相近能一路同行者为一组，举一组长；组长应负责保持行军纪律，返所时亦如之。每组由本所发一路证，交由组长收执，以便沿路查验免起误会。

（三）于同行一路线之最终点分手各返各家；并于最终点择一适中地点，以便返所时之集合。

（四）各组分别出发后，本所派各队长骑自行车沿途密查对于规定之纪律与任务是否遵守实行。

（五）各学员之任务除向乡学借用枪支外，应注意宣传工作以唤起民众自卫卫国精神。

（六）各乡学员同往乡学取枪时，服装要整齐，礼节要周到，态度要和睦，言语要委婉。

（七）接到枪支，即时加以检查是否缺少零件及其他残损，当面记明，用持枪式；返所集合后，由组长指挥之，一律用托枪式。

（八）路途中不准任意喧哗购卖零吃，休息时在村边无人处排列端坐。

（九）路遇亲友及乡邻须问候致敬意，至本村及家中要特别恭敬，到家后可换便衣。

（十）宣传纲要：（1）说明征训队之性质与意义是造就好人培

养学识,将来服务地方改造风气,致力革命工作,保护地方治安;(2)改组民团大队为本所,是统一组织,集中训练,团结民众武力,推动地方自治;(3)说明本所之精神与纪律为救中国之唯一良法,将来民众应普遍参加;(4)说明列强之压迫、匪共之骚扰,非民众自卫不能拯救;(5)研究院及实验区设立之用意,邹平首受其惠,是邹平之大幸;(6)说明本所师生一致努力与办事热心之情形;(7)本所受各方钦慕重视,故不敢不勉力上进,以免大家失望;(8)我们个人能得到机会去受训练,实荣幸愉快之至;(9)感谢乡学之保送,安慰家人之想念,家中琐事妥为处理,不可逞燥气;(10)乡学之枪如缓付时,不可表现勒索情形,仍以和气对付为要。

## 三 征训队学员二次回乡宣传集中训练联庄会应注意事项

(一)离队回乡之组织:(1)仍按上次回乡取枪之编制;(2)须先至乡学村学;(3)至家须先回家中见尊长。

(二)行动之规律:(1)沿途遇相识者须先与接谈,礼貌不得疎失;(2)乡党之长幼须恭而敬之,设法与之接谈;(3)沿途之行动应保持行军纪律与精神(上期已有详细规定,应遵照实行)。

(三)应负之任务:按照所发章则,与乡党稍孚众望者以谦和态度详加说明。

(四)宣传之纲要:(1)联庄会之意义——国际性(准备御外侮),地方性(惩匪弭盗),家乡性(自救自卫);个人学识方面(现代人生应有之常识),地方公益方面(自治中心组织),国民义务方面(以健全之地方自治组织建设国家)。(2)选拔训练员之资格——具规定之条件而精明强干热心公益者。(3)宣传之方法——(甲)重侧面烘托法,以自己行事及事实感动之;(乙)忌正面直说,又自己行动错误言语唐突;(丙)说明受训之性质绝不是应募当兵,绝不是骗人,是造就知识、锻炼体格、统一组织、集中训练、变换陈腐思想、养成良好国民,俾知孝弟力田而有勇知方。（4）训练队之组织——（甲）养成团体生活之兴趣，以军事组织为主；（乙）励行设教讲学之精神，教师均系研究院县政府公务人员及职员任之，其设备多借研究院，书物房舍大致已就绪，恰如成人大学然；（丙）注重成人教育之实施，教授各种应用常识及技能；（丁）实行分组训练之编制，如珠算班、识字班、征训班，或其他经商须知、技艺训练等。（5）将来之希望——护身、看家、保乡、卫国、识字明理、陶冶思想、增加学识、敦励品行、勇于公益。

**四 邹平实验县征训队学员服务规则**

（一）本规则根据本县实验计划第二项关于改组警团及充实民众武力之计划，与本县联庄会训练暂行办法第七、十、十四各条之规定及本县联庄会训练员组织及服务规则，订定之。

（二）征训队学员毕业后由县政府按其所属乡籍派充为各该乡学正副乡队长；其该乡原来保送之学员不及二人时，县政府得调委他乡毕业之学员充任之。

（三）各乡学除第十三乡因乡区特大，定为正队长三人外；其余各乡，均定为正队长一人。

（四）未派往各乡学之征训队学员，留本县民团干部训练所服务，直接受所长、督教练及分队长之指挥监督。

（五）各乡正副乡队长直隶于乡学，受乡理事之指挥监督，负指挥联庄会会员维持地方治安及传达公家章令之责。

（六）正副乡队长除遵照本县联庄会会员组织及服务规则所定职责服务外；正乡队长应担任各该乡学村学军事训练员，副队长除协助正队长办理乡队一切事宜外，应兼任该乡户籍主任，办理户口调查、人事登记并本队文书事宜。关于户籍主任服务规则及办理户籍调查、人事登记等章程，另订之。

（七）各乡学每月招集全乡会员开会，正副乡队长除依联庄会员组织及服务规则十三条规定之各款办理外，应将当日开会情形分别报告于县政府及民团干部训练所。

（八）各乡正副乡队长报告开会情形应注意下列各事：（甲）乡学师长（即学长辅导员乡理事）是否出席，教员学董等共到几人；（乙）会员应到几人，请假几人，无故不到几人，实到几人；（丙）开会次序，所有应行礼节是否严肃遵行；（丁）开会时报告事项、讲演题目及会员提出之问题；（戊）午餐样数；（己）打靶成绩；（庚）得奖人名及等等物品；（辛）训练员在各村庄集散是否严守规则。

（九）正副队长应常带武器往所属各庄村及要道梭巡，以备不虞。

（十）正副乡队长对于所属各村组长及会员应时常注意其行动是否勤谨忠实，并能否依照章则努力服务。

（十一）正副乡队长对于下列人等及事实有查禁报告之专责，知而不禁并不报告县政府者以渎职论：（1）无业游民专一为非作歹者；（2）贩吸毒品或鸦片者；（3）交接外来形迹可疑之人者；（4）赌博取利者；（5）演唱有伤风化之淫戏者；（6）宣传破坏中国固有良好礼教者；（7）联庄会会员有恃势吓诈及借端招摇者。

（十二）正副乡队长遇有紧急水火盗匪情事不及报告乡理事及县长时，得立即命令该乡学所辖会员及民众从事扑救抵御，以免有失机宜；事后经过情形，仍须报由乡理事转呈县政府核办。

（十三）联庄会会员定期每月开会，及冬季之十五日短期训练，又每年全县联庄会会员之集中县城训练，均应遵照章令工作，不得违误。

（十四）每年民团干部训练所得召集各乡正副乡队长集中所内为短期之讲演，授以较新较高之军事学术以资深造；受训各员仍支原来薪饷，不另津贴。

（十五）正副乡队长除因公离乡学外须常川住学以免有误事机；若因事因病除直接向乡理事请假外，其时间过三日以上者同时须呈准县政府备查。

（十六）正副乡队长除盗匪案外，不得与闻乡村词讼争执调解之事；其他攸关乡村建设事项，除农村自卫事项外，其余非有明令规定概不负责。

（十七）正副乡队长遇事得禀报县长，县长并得直接指挥之；但县长须同时知照乡理事，以免隔阂。

（十八）各乡正副队长每日早八点以前应向民团干部训练所督教练报告昨日夜地面上有无事故发生，今日有无特别工作，以凭考勤并通达消息。

（十九）各乡正副乡队长对于应尽责任及县长乡理事之命令不曾竭力遵行或行动不合法时，得酌予以下处分：（1）申斥，（2）记过，（3）责罚，（4）撤惩。

（二十）各乡正副乡队长平常忠于职守遇事克著功绩者，应酌予以下列奖励：（1）传令嘉奖，（2）记功，（3），奖赏物品，（4）记名提升民团干部训练所分队长、助教，或呈明省政府研究院酌予委用。

（二十一）各乡正副乡队长除上列条款外，余应遵照本省联庄会章程之规定，努力尽其责任。

（二十二）本规则经过地方会议通过，呈准研究院核准公布施行之。

## 第四节　改订联庄会训练办法及第一届训练情形

邹平未划为实验县前，联庄会之训练，概依照山东各县联庄会暂行章程，山东各县联庄会会员训练简要办法，及邹平县联庄会训练实施细则办理。至划为实验县后，为改进本县联庄会员之训练以建立本县之自卫组织计，乃订定邹平实验县联庄会训练暂行办法十六条以资进行。以每年冬季农暇时为训练期，届期则临时设立联庄会训练班。查本县人口，约二万八千户，以二十五家为一闾，计有一千一百七十二闾，按改订后之联庄会训练办法，每届每闾选拔十八岁以上二十五岁以下有身家财产者二人，经各该乡学考试择优录取一名，计每届可约得一千二百人，第一届系分两期办理，均在县城集中训练，至其伙食服装杂项等费用，统由会员本村公摊，每人两个月所需各费预定十一元，入班受训时，带交本县农村金融流通处，毕业后有余则退还该村，不足则仍由该村补缴。

自二十二年十二月十二日起至二十三年二月十二日止，为本县第一届第一期联庄会训练期间。训练之初，于会员报到时，将征训队学员分为招待指导编制三组，协助各队之编成。本期除寄庄户及间之编制有合并或奇零不计外，应抽调五百八十三名，而实到五百三十七名。共分编为四队；第一队系挑程度较优者，其余三队，程序相若。县长为总队长，并设总务教育两组（详见联庄会训练班暂行编制表）。官佐均为义务职，由各机关调用，以节经费；每日会餐即就操场为食堂，官佐会员均共食。学术两科及成人教育悉按计划进行，阅一月视会员之生活有序，精神已定，对于训练之意义，尽已了解，释然无他，特于受训期间，曾放假三天，令各回家省亲，即借以宣传训练联庄会之意义及其受训之真象，以免乡人怀疑。诚以征训之初，乡人谓为"将开去与日本打仗者"有之，谓"与韩主席练兵者"亦有之，因而被征调者之家属，日夜惶恐，若有大难将临焉。今使会员本人回家申述训练联庄会之意义及其受训之真象，则使乡人尽能释然于怀，盖亦有力之宣传也。因先规定"假期内会员应遵守及注意事项"以授之。再则训练之编制，前六礼拜为混合编制，俾全县会员获得联络认识之机会，增进同伍敬爱之情谊。后两礼拜，按各会员所居之乡编制之，由各该乡之征训队学员为排长，俾娴熟统率教练之动作。毕业后即由各该乡乡队长率领各会员到本乡乡学，谒见乡学师长，俟学长训话毕，即分组由各村组长率领到各村学报告受训之经过，始行分别解散回家；此后则悉依联庄会会员组织及服务规则（附后）服务本乡。查本期之费用，连用在本期服务之征训队学员原带经费，收入六千二百零五元二角七分，支出六千二百八十一元五角六分，计超过收人数七十六元二角九分。

第二期于二十三年三月五日召集，至五月五日结业，原定人数为五百八十九名，此外有第一期应被征调而未报到者，及要求自费受训者，故此次实到人数超过预定名额，计为五百九十三名，编为五队，但上课堂时，则分四组，能作通顺日记者为一组，粗解文义者为一组，因才施教，进步颇速。本期放假四日，以宣传造林、种植美棉，及组织美棉运销合作社等方法为要点。其他皆同第一期。至经费方面，受训会员每人仍预交十一元，连用其他收入，共计七千零二十四元五角四分六厘，共支出六千六百二十元零九角四分八厘，除支尚存洋四百零三元九角八分。此项余款经地方会议议决，为第一期会员每人买草帽一顶，第二期会员补发饭袋一个，尚有剩余，乃分发各乡学为会员各置白布褂一件，不足之数，由各乡七月份打靶费弥补之。

**关系文件**

**一　邹平实验县联庄会训练暂行办法**

（一）本办法基于地方需要，并参酌山东联庄会训练简要办法及本县充实民众武力注重成年教育之实验计算，订定之。

（二）本县人口约计二万七八千户；以每二十五户为一闾计之，约计一千二百闾。每闾拔选二人，须年在二十五岁以下、十八岁以上，有身家田产者为合格，到各该乡学考试录取一人送县集中受训，名曰联庄会会员；综计全县可得一千二百人。除寄庄户及闾之编制有合并或奇零不计外，至少以一千人为足额，名曰联庄会训练班。分两期受训。每期受训者约为五百人；其同闾受训先后有争议时，在乡学用抽签法定之。

（三）每期会员受训期间定为两个月，自本年十二月十二日起至二十三年二月十二日止（旧历十月二十五日起至腊月二十五日止），为联庄会训练班第一期；自二十三年二月二十三日起至四月二十三日止（旧历翌年正月初十日起至三月初十日止），为第二期。以后视地方情形及农事忙闲，再定继续拔选训练办法。

（四）每期训练班设总队长一人，由县长兼任。下分四队，队设队长，由研究院军事教官及民团干部训练所之官长分别兼任。每队分三排，排设排长，由民团干部训练所征训队毕业学员分别担任。每排分三班，班设正副班长，由征训队毕业学员及选拔受训人员中之粗通军事者充之。

（五）每期训练，除军事训练由上条所列人员分别担任外；关于事务方面设总务组总务主任一人，以本县府第三科长担任之；关于教育方面设教育组教育主任一人，以本县第五科长担任之。

（六）总务主任以下设会计、庶务、文书各一人，由县政府及民团干部训练所人员兼任之；有必要时，得设临时雇员一人协助办事。教育主任以下设军事教育、成人教育教官二人，军事教育教官由民团干部训练所督教练兼任之，成人教育教官由县府第五科长兼任之。

（七）各队设书记司事各一人，由征训队毕业学员充任，分担各队文书、庶务事宜。

（八）训练课程除参照山东联庄会训练简要办法外，注重人格陶冶及乡村建设之常识；其细目另定之。

（九）训练地点暂假研究院。

（十）受训会员所需伙食服装杂费等项，统由该员本庄公摊；每员两个月所需各费，共计定为十一元，入班受训时一次带来交本县农村金融流通处备用，毕业后有余仍退还该庄（服装：土制毡帽一顶，粗布蓝棉袄一件，裹腿一副，统由所带十一元内纳付）

（十一）各训练员应各带本庄公私所有之枪械一枝，无快枪者可带来复枪；均归各本庄庄长或乡村理事设法筹措。

（十二）本班关于教育及事务，遇必要时得请研究院职员分担讲授及协助。

（十三）本班所需设备尽量借用研究院及民团干部训练所之家俱，图书不另购，其必须临时添置及消耗者，得于训练终结后，据实开列,呈准于地方预备费内支付之。

（十四）每期训练中,前四十五日依军队编制,各乡受训人员混合组织,届末十五日,则按各人住所分乡分村组织编制,每乡设乡队长一人至二人,以征训队学员充任,村设村组长,以受训练人员成绩较优者充之,以上各按地段编成部队,为实行本县实验计划所列之民兵制度基础,及乡村建设之中心组织。

（十五）各乡受训人员,毕业后之服务规则,及继续召集办法另定之。

（十六）本办法呈准研究院转呈省政府备案后施行。

**二 山东邹平实验县第一届联庄会训练班暂行编制表**

（见第 24—25 页）

**三 山东邹平实验县第一届联庄会训练班全期学术科总计划表**

（见第 26—30 页）

**四 邹平实验县联庄会训练班假期内会员应遵守及注意事项**

（1）假期以三日为限,假满一律集合回部,不得逾期。

（2）各会员各按乡编为一队,设正副队长各一人,由各乡训练员担任,负全队行动纪律及集合之责,每村编为一组,由各该组公举组长一人负责全组一切指导监督责任。

（3）各乡会员由队长率领先至乡学谒见乡理事,将训练之经过情形及此次放假之意义,详为报告；事毕,分组解散。

（4）分组后,由组长率领至村学或庄村长家,再将训练之经过情形及放假之意义,详为报告,方得解散回家。

（5）会员与家中尊长见面后,即进行调查工作并询本庄庄仓是否办齐。

（6）调查时,须细心考虑,按实际情形详为填表。

（7）队长在调查时,须赴各村视察。

## 山东邹平实验县第一届联庄会训练班暂行编制表

| 区别 | 职别 | 员额 | 职掌 |
|---|---|---|---|
| 总队长室 | 总队长 | 1 | 承省政府研究院命办理全县联庄会训练班一切事宜 |
| | 办事员 | 1 | 承总队长之命办理公文送达及普通函件拟撰事宜 |
| | 书记 | 1 | 承队长之命督率本组职员办理校缮等一切应办事宜 |
| 总务组 | 主任 | 1 | 承总队长之命分掌本组一切应办事宜 |
| | 文书员 | 1 | 承主任之命令掌分拟本组条规保管册籍撰拟公文稿 |
| | 会计员 | 1 | 承主任之命掌本司书训练队员经费收支之责 |
| | 庶务员 | 1 | 承主任之命掌本队训练人员经理事宜 |
| | 办事员 | 1 | 承主任文书会计庶务之命办理一切组办事宜 |
| 教育组 | 主任 | 1 | 承总队长之命掌编及担任军事训练一切训练事宜 |
| | 军事教育教官 | 1 | 承总队长之命担任本队一切训练事宜及其实施分遣调发号督察指导事宜 |
| | 成人教育教官 | 1 | 承主任之命掌编制及担任成人教育计划及其实施事宜 |
| | 助教 | 2 | 承主任及成人教育教官之命办理各教组办本等缮校事宜 |
| | 书记 | 1 | |
| | 传达 | 1 | |
| | 号目 | 1 | |
| | 传命兵 | 2 | |
| | 勤务 | 3 | |
| 第一队 | 队长 | 1 | |
| | 排长 | 3 | |
| | 司书 | 1 | |
| | 司事 | 1 | |
| | 正班长 | 9 | |
| | 副班长 | 9 | |
| | 会员 | 180 | |
| | 传令兵 | 1 | |
| | 伙夫 | 4 | |
| | 号兵 | 1 | |
| 第二队 | | | |
| 第三队 | | | |
| 第四队 | | | |
| 总计 | | | |

## 山东邹平实验县第一届联庄会训练班暂行编制表

| 区别 | 职别 | 备考 | 第二队 | 第三队 | 第四队 | 总计 |
|---|---|---|---|---|---|---|
| 总队长室 | 总队长 | 由县长兼 | | | | |
| | 办事员 | 由县政府职员或征训队学员调充 | | | | |
| | 书记 | 由县政府第三科科长兼任 | | | | |
| | 主任 | 由民团干部训练所书记调充 | | | | |
| 总务组 | 文书员 | 由第三科职员调充 | | | | |
| | 会计员 | 由研究院职员兼任 | | | | |
| | 庶务员 | 由县政府第五科科长兼任 | | | | |
| | 办事员 | 由民团干部训练所督教练兼任 | | | | |
| 教育组 | 主任 | 由第五科科长兼任 | | | | |
| | 军事教育教官 | 由征训队官长或学员调充 | | | | |
| | 成人教育教官 | | | | | |
| | 助教 | | | | | |
| | 书记 | | | | | |
| | 传达 | | | | | |
| | 号目 | | | | | |
| | 传命兵 | | | | | |
| | 勤务 | | | | | |
| 第一队 | 队长 | | | | | |
| | 排长 | | | | | |
| | 司书 | | | | | |
| | 司事 | | | | | |
| | 正班长 | | | | | |
| | 副班长 | | | | | |
| | 会员 | | | | | |
| | 传令兵 | | | | | |
| | 伙夫 | | | | | |
| | 号兵 | | | | | |

| 课目 | | 区别 | 时间 | 要求程度 | 实施要领 |
|---|---|---|---|---|---|
| 军事学科 | 步兵操典摘要 | 徒手教练 | 16.00 | 立正稍息转法行进全部 | 使领悟步兵应习之各种制式动作及主要战斗之方法，并同时养成具有刚胆沉着忍耐勇敢尽之特性 |
| | | 持枪教练 | | 立正稍息转法及持枪教练全部 | 使了解步兵为军中之主兵，其基本领当于战场上负重要责任 |
| | | 散兵教练 | | 行进停止射击冲锋全部 | 使知军纪之重要与战斗之关系 |
| | | 班教练 | | 密集散开之一部，疏开队形之运动 | 使领会密集散开及各种动作之原理大要，俾作成之基础 |
| | | 排教练 | | 集合散开之全部，防御攻击追击退却 | 使领会散开之战斗同各级干部地形诸法则 |
| | | 连教练 | | 及战斗同干部及士兵责任全部 | 使明了战斗同各级干部，及士兵动作与应尽责任为何 |
| | 步兵野外勤务摘要 | 地形识别 | 18.00 | | |
| | | 测量步距离 | | 目测及步测距离之一步 | 使具有目测之知识 射击时标尺易于确定 |
| | | 侦探 | | 各侦探动作之一部 | 使领会侦探动作之要领 |
| | | 传令 | | 命令通报报告之传达法之一部 | 使了解各种勤务在作战之必要 |
| | | 行军 | | 行军之大别及行军部队间联络法之一部 | 使了行军警戒及联络诸法则 |
| | | 尖兵 | | | 使领悟警戒部队之任务及警戒诸法则 |
| | | 前哨 | | 驻军同警戒之一部 | 使领会驻军间警戒部队行军及警戒诸法则 |
| | 射击教范摘要 | 预行演习 | 4.00 | 预行演习全部 | 使贯通射击要领及瞄准误差之原理 |
| | | 基本射击 | | 基本射击之一部 | 使了解射击之要领及枪之特性与检查法 |

# 第三章 邹平自卫实验第一期之设施

续表

| 课目 | | 区别 | | 时间 | 要求程度 | 实施要领 |
|---|---|---|---|---|---|---|
| 军事 | 学科 夜间教育 | 着装法 | | 4.00 | 着装动作全部 | 使悟解夜间动作之困难及与作战之关系并同时养成军纪严肃为目的 |
| | | 视听力之养成 | | | 听力及视力养成之一部 | |
| | | 各种识别 | | | 各种识别之一部 | |
| | | 传达及联络法 | | | 各种传达及联络法之一部 | |
| | 术科 制式教练 | 各个教练 | 徒手 | 160.30 | 立正稍息转法行进各动作 | 使具有军人基本姿势,并同时熟习各种制式及动作,俾为将来加入部队教练之基础;在训练第一星期内抽出术科若干时间教以敬礼诸方法,并说明敬礼之意义,俾得养成军队之精神及军纪 |
| | | | 持枪 | | 立正稍息转法及操枪射击姿势各动作 | |
| | | | 散兵 | | 行进停止射击冲锋各动作 | |
| | | 礼节演习 | | | 室内室外敬礼及卫兵敬礼之演习 | |
| | | 部队教练 | 班教练 | | 整顿行进变换方向之变换队形 | 使熟习部队教练干部及士兵之动作,养成上下协同动作之习惯 |
| | | | 排教练 | | 装退子弹射击解散各动作 | |
| | | | 连教练 | | 编连整齐队形集合散开各动作 | |

续表

| 课目 | | 区别 | 时间 | 要求程度 | 实施要领 |
|---|---|---|---|---|---|
| 军事术科 | 战斗教练 | 散兵教练 | 37.30 | 各种委势利用地物及射击诸动作 | 使熟习利用法则,并增进其利用能力 |
| | | 班教练 | | 疏开队形之运动,集合散开各动作,散兵线之运动与射击之连击,预备队之动作攻击防御追击退却各动作 | 使熟习主要战斗之法则及之法则并增进其战时干部及士兵之动作 |
| | | 排教练 | | | |
| | | 连教练 | | | 演习务期近于实战状况 |
| | | 地形识别测量距离 | | 百米之复步练习法六百米达之目测 | 务使切于实用 |
| | 野外演习 | 侦探 | 46.30 | 各种侦探动作完成 | 使熟习侦探要领及动作 |
| | | 传令 | | 部队间之连击传达勤务动作 | 使熟习传令要领及动作 |
| | | 行军 | | 以战时负担量一日行七十里之行程 | 使保持其战斗力 |
| | | 尖兵 | | 传令连络兵及尖兵长之动作 | 使熟习前卫之要领及一般动作 |
| | | 前哨 | | 步哨之派遣以及前哨动作 | 使熟习前哨要领及动作 |
| | | 预行演习 | | 购进修正及检查 | 使养成射击军纪技能 |
| 射击 | | 实弹射击 | 10.00 | 射击场勤务及射击之动作 | 使信任自己射击技能 |

续表

| 课目 | 区别 | | 时间 | 要求程度 | 实施要领 |
|---|---|---|---|---|---|
| 军事术科 | 夜间演习 | 警急集合 | 12.00 | 着装听音审查物体静肃行进记号识别 | 使熟习夜间行军及作战之各动作,务使耳目灵活,运动轻快,军纪严肃,不恐怖,不疑惑,无论各个与部队均能行动自由 |
| | | 视力听力演习 | | | |
| | | 各种识别 | | | |
| | | 传达及连络法 | | 传达连络等动作 | |
| | 武术 | 拳术 | 30.00 | 发挥固有之技能为主 | 使各尽所长,尤须普及;不得专重选手,以求壮观,养成灵实刀力一致,使气刀体一致,具有果敢刚毅之真精神 |
| | | 操刀 | | | |
| | | 刺枪 | | | |
| 成人教育 | 党义 | | 144.00 | 讲授三民主义和党国大事 | 使正确了解本党主义及政策 |
| | 乡村建设大意 | | | 讲完乡学须知 | 使了然乡村乡学须知及如何为学众 |
| | 法律常识 | | | 诉讼手续及调解法 | 使能服从法律和睦乡里 |
| | 史地 | | | 讲明邹平乡土志,鸦片战后之国家大事和世界大势 | 使明白自身在本县本省本国及世界之地位和义务 |
| | 联庄会员须知 | | | 讲完 | 使知联庄会之意义组织及会员之责任 |
| | 识字明理 | | | 讲完识字明理二册或一册 | 依程度高下分四组教学,其文盲组又特分为十四班教学一,务使能读、能写、能讲、能唱,并能转教旁人 |

续表

| 区别 | | 时间 | 要求程度 | 实施要领 |
|---|---|---|---|---|
| 成人教育 | 唱歌 | 144.00 | 学会军歌、农夫歌及普通歌曲三十首 | 要大家能唱能听,并能转教劳人激发大众团结奋斗救乡救国之精神 |
| | 精神讲话 | | 中国民族历史概要 | 使知中华民国建国之历史及民族之领袖人物 |
| | 棉业合作 | | 讲完合作纲要 | 使明了合作之意义及合作之办法 |
| | 自卫要义 | | 讲完自卫要义 | 使明了农村自卫之意义及办法 |
| | 农村问题 | | 讲明中国农村重要问题及其解决方策 | 注意唤起乡村人士团结自救之信念 |

附起
一、全期训练学科共四十二小时,术科共二百四十小时另三十分钟。学科每日一次,为一小时,术科每日二次,第一次二时,第二次二小时半,时间上加()者,不在规定之内。
二、武术于下午加操实施,四十分钟为一次。
三、夜间教育,全期共六次,每一次为二小时,于每星期六自习时间施行之。
四、全期实弹射击每日三次,一次为一小时;全期分为一百四十四小时,唱歌是利用教学时间十五分钟为一次。
五、成人训练每日三次;一次为一小时,全期分为一百四十四小时,唱歌是利用教学时间十五分钟为一次。

中华民国二十三年三月　日

（8）各事办毕，由组长集合各会员至乡学，由各队长率领回部，不得逾过假期。

（9）各会员在假期须将公事办理完竣，不得续假。

（10）至乡学时见乡理事及各位师长须道感谢之意。

（11）见家中尊长要特别安慰，勿使挂念。

（12）遇相识者须先行礼，后与之接谈。

（13）行动要保持行军精神；与人接谈时态度要和蔼，言语切忌粗鲁。

（14）与人接谈时要说明联庄会训练员不是当兵，不是骗人，是造就知识，锻炼体格，统一组织、集中训练，目的在保卫地方，亦是保卫身家。

## 五　第一届联庄会训练班（两期）各乡会员文盲与识字人数统计表

第一届联庄会训练班（两期）各乡会员文盲与识字人数统计表

| 乡别 | 识字人数 | 合计 | 文盲人数 | 总计 |
| --- | --- | --- | --- | --- |
| 首善乡 | 第一期一三 | 29 | 第一期四 | 9 |
|  | 第二期一六 |  | 第二期五 |  |
| 第一乡 | 第一期三四 | 66 | 第一期四 | 12 |
|  | 第二期三二 |  | 第二期八 |  |
| 第二乡 | 第一期三二 | 56 | 第一期一九 | 51 |
|  | 第二期二四 |  | 第二期三二 |  |
| 第三乡 | 第一期二五 | 41 | 第一期七 | 24 |
|  | 第二期一六 |  | 第二期一七 |  |
| 第四乡 | 第一期三〇 | 61 | 第一期一二 | 32 |
|  | 第二期三一 |  | 第二期二〇 |  |
| 第五乡 | 第一期二一 | 40 | 第一期四 | 17 |
|  | 第二期一九 |  | 第二期一三 |  |

续表

第一届联庄会训练班（两期）各乡会员文盲与识字人数统计表

| 乡别 | 识字人数 | 合计 | 文盲人数 | 总计 |
|---|---|---|---|---|
| 第六乡 | 第一期二八 | 53 | 第一期八 | 22 |
| | 第二期二五 | | 第二期一四 | |
| 第七乡 | 第一期四四 | 83 | 第一期九 | 25 |
| | 第二期三九 | | 第二期一六 | |
| 第八乡 | 第一期四一 | 85 | 第一期九 | 23 |
| | 第二期四二 | | 第二期一四 | |
| 第九乡 | 第一期二二 | 41 | 第一期四 | 13 |
| | 第二期一九 | | 第二期九 | |
| 第十乡 | 第一期二一 | 35 | 第一期四 | 15 |
| | 第二期一四 | | 第二期一一 | |
| 第十一乡 | 第一期二八 | 58 | 第一期一九 | 31 |
| | 第二期三〇 | | 第二期一二 | |
| 第十二乡 | 第一期二一 | 37 | 第一期八 | 21 |
| | 第二期一六 | | 第二期一三 | |
| 第十三乡 | 第一期四六 | 98 | 第一期二五 | 57 |
| | 第二期五二 | | 第二期三二 | |
| 总计 | 第一期四〇六 | 783 | 第一期一三一 | 347 |
| | 第二期三七七 | | 第二期二一六 | |

## 第五节 邹平联庄会训练后之组织训练及其任务

### 一 训练后之组织——乡队及村组

所有联庄会训练班毕业之会员，一律按所在之乡编为乡队。本县分十四乡，故编为十四乡队；每乡户口多寡不等，故会员额数亦不等。每队设正副队长各一人，会员过多之乡，可增加副队长。正副队长均委任征训队学员充之，直隶于各该乡学，受乡理事之指挥监督。各乡队之会员，平时均居住本村，各村即就其本村或邻近二三小村之会员编为一村组，就会员中之品学兼优素孚众望者选组长副各一人指挥之，直隶于各该村学。无村学之村，即属于本村，受村理事或村庄长之指挥监督，并直辖于乡队。全县共一百零七组，各组会员人数与各乡队所辖数，均不必同，各随其村乡之大小会员之多少而异，但取以地段为编制之意耳。兹将本县第一届联庄会训练班及训练后之组织系统列下：

（1）训练班之组织系统

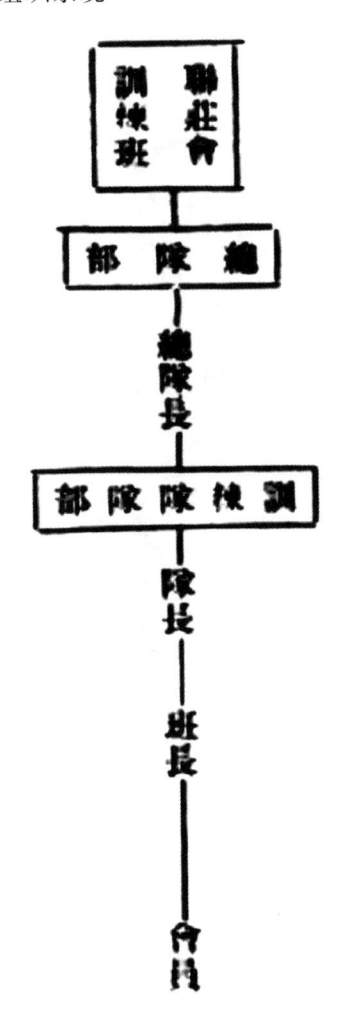

```
        ┌──────────┐
        │ 联庄会训练班 │
        └──────────┘
              │
        ┌──────────┐
        │  总 队 部  │
        └──────────┘
              │
            总队长
              │
        ┌──────────────┐
        │ 测验队部队  │
        └──────────────┘
              │
             队长
              │
             班长
              │
             会员
```

（2）训练后之组织系统

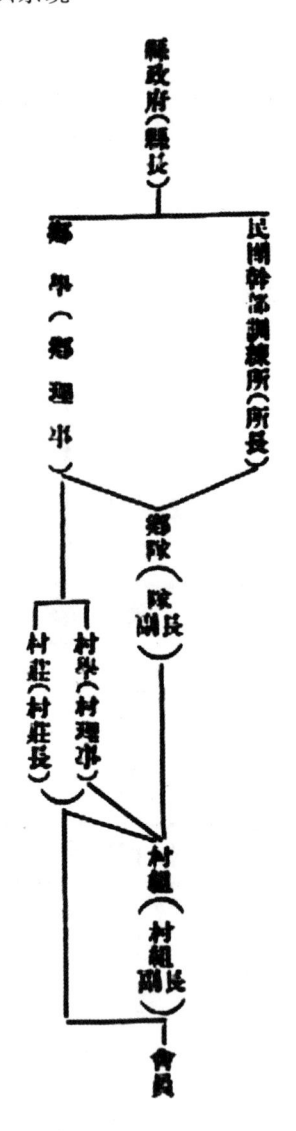

```
县政府（县长）
  ├── 民团干部训练所（所长）
  └── 乡学（乡理事）
         └── 乡队（队副/队长）
                ├── 村庄（村庄长）
                ├── 村学（村理事）
                └── 村队（村副队长）
                       └── 会员
```

## 二　训练后之训练——乡会乡射及野外演习

会员以两个月之短期训练，其技术既不精敏，动作亦难期确实，而家居日久，又恐其陷于松懈委靡也，爰有每月定期集合再予以补习训练之办法，名曰各乡联庄会乡会乡射实施办法（附后）。

上午开会名为乡会,下午射击会操名为乡射,每月举行一次,日期由第一乡至十三乡按国历每月一日至十三日顺序举行,首善乡为十五日,遇必要时得随时变更之。届时县政府亦派员指导,或县长亲往参加,是日并举行会餐。但亦得随时举行野外演习,或其他行军动作。此项费用,按每次每名二角预算,由地方经费内支出之。

查此项办法之施行,计其作用有五:其一,师长训话诰诫会员以应遵守进行之事,乡理事报告乡学一切工作政令及时事,并讨论实际问题,操演射击等,均为补习会员之知能,足以维持其基本训练之精神历久而不懈。其二为予会员与会员及会员与乡学间以常得接近之机会,则关系绵密于平时,情谊日笃于未觉,足以增进组织力量而不已。其三为养成其集合之习惯,临时调集自能整齐而迅速,遇事则不至贻误机宜。(按农民习惯松缓,平时遇事招集,十九不遵时间,任意迟缓,甚或无故不到,凡为有秩序之集合农民,确系一最大难事。)其四为举行乡射之日,各村会员莫不武装整齐,结组而行,朝往乡学,夕回本村,往返之间,无异举行全乡巡逻;待集中乡学,射击会操,野外演习,或行军下道,此种自卫武力之表现,实足使匪类间之敛迹,宵小见而胆寒,县境之内,每一月间几于隔日皆有百余士兵作此演习,乡村治安,保卫殊多。其五为凡曾因烟毒赌博盗窃等不良行为被县府传送自新习艺所受训,改过自新取保开释者,亦须按月由各村会员率之参加乡会听训,并检查其行为。其犹未改悔戒清嗜好,故态复萌者,则即时予以处罚,或带县惩办。乡民观感所及,亦足以影响乡风,保安乡里不少。以上五端,皆行之若未觉,而收效实至宏也。

### 三 训练后之任务

甲、平时之任务

会员回村后之平时任务:遇有火灾,则领导村民扑灭之;遇有水灾,则领导村民堤防之;遇有盗贼,则领导村民警戒之;遇有土匪，则领导村民抵御之；有害于乡村之人，则随时呈报之；有害于乡村之物，则随时查禁之。他如对于村民不良习惯之劝戒与纠正，对于成年军事训练之襄助与指导，皆会员应尽之任务也。

乙、夏防冬防期间之任务

于夏防冬防吃紧之时，征调会员轮流集中乡学，一面训练，一面警备，由乡队长率领巡逻下道设卡。其征调办法计有七项：

一、各乡于夏防冬防期间得普遍举行征调联庄会会员维持地方治安。

二、抽调办法，按照各该乡会员总数以每会员必须服务十天，每十天更换一次计算，每次防期规定两个月，轮流完毕，以决定各该乡每次抽调人数；遇有必要时亦得延长之。

三、调集之后，以驻扎乡学所在地为原则，遇必要时，警备地点得随时移动。

四、各会员抽调次序之先后，以抽签定之，但各乡为适应环境所需，亦可略事变通。

五、会员伙食费以十天二元五角计算，此外无薪饷。

六、被征会员应携带本村公有或私有枪枝，由各村村庄长负责筹办；所用弹药则归乡学办理，由全乡担任之。

七、未经证调之会员，仍须遵照各乡出夫打更守夜办法（附后），认真办理。


**关系文件**

**一 邹平实验县联庄会会员组织及服务规则**

（一）本规则根据邹平实验县联庄会训练暂行办法第十五条之规定，及山东各县联庄会暂行章程所规定会员应负责任各条款，并参照本县试行民兵制度、强迫成年教育各实验计划，订定之。

（二）本县联庄会训练队直隶于县政府，总队长由县长兼之。

（三）会员毕业后应按所住乡村地段编制，不论人数多寡，各乡编成一队，队设正副队长各一员，委征训队学员充之，直录于各该乡乡学，受乡理事之指挥监督，负维持地方治安并传达章令之责。

（四）每村已受训练之联庄会会员共编为一村组，互选村组长副各一人，直隶于各该村学，受村理事之指挥监督，——其未成立村学之村受该村村长之指挥监督，负维持地方治安并传达章令之责。

（五）各村组长同时受乡队长及村理事或村长命令时，应以乡队长命令为准。乡队长对各村组长发布命令，除在十分迫切，又乡理事未在乡学不便请示外，应事前秉承乡理事之意旨而指挥其所属各村村组长及会员。

（六）乡理事遇乡队长发布之命令，与处理事务之方法，若与省县法令抵触时，应纠正之，以免歧误而昭统一。

（七）各村遇有水火盗匪之警，除本村村组长应立即召集本组会员并村民一致扑救外，并得飞报乡队长及邻近村组长前来协助。

（八）乡队长遇有水火盗匪事变，应立即指挥邻近有事变各村庄村组长率所属会员及村民速为有效之措置，并一面报告县长及乡理事请示机宜。

（九）乡队长遇有水火匪盗等事变本乡实力不克防御救护，或因事关两乡以上时，得直接求邻近乡队长迅予协助，并报告县长及乡理事请示机宜。

（十）各乡队长及各村组长闻邻近乡学及村庄有警时，应立即召集会员及村民前往努力协助；如临事托故不前，致误机宜者，县政府得予惩罚。

（十一）乡队长村组长及会员扑救抵御水火盗匪迅速努力卓著者，由该乡村理事列举事实请县政府酌予奖励；其因公受伤或致命者，应由县地方公款项下予以医药费或三百元之恤金。

（十二）平时除乡队长外，村组长及会员均不得著所发之服装，非遇匪警或夜间打更时不得持武器；违者处五元以下之罚金，或责打十板示惩。

（十三）每月各乡队会员集合各该乡学开会一次，其日期由各乡学自行酌定呈报县府备案，但于麦秋两季，得各停开一次。遇雪雨得顺延。其次序如次：

（1）各村组长及会员应著所发服装持武器集合于村学或村长门前，报告赴乡学开会，请示有无吩咐之事，致礼而去。依距离乡学之远近决定出动时间，务于当日上午十时到达乡学，将应到人数，实到人数，报告于乡队长，听候指挥操作。

（2）会员非有重大事故得村组长准假者，不得无故不到；违者传至乡学责罚。

（3）乡队长于开会时应向乡理事报告到会人数，请求学长辅导员乡理事及乡学学董教员之在学者莅会训话。其开会仪式如次：（一）乡队长指挥各村组会员集合于乡学体育场，向学长辅导员乡理事及师长行礼致敬。学长点名，乡理事唱名毕，阅操。操毕，休息十分钟。先由学长训话，辅导员讲述乡村各项问题，乡理事报告县政府及乡学本月工作及下月计划。其各村庄应进行举办之事而未办者，向各该村组长及会员诰勉；其各村庄有应与应革事情或发生困难问题时，各村组长应即提出报告，以便乡学筹办解决。同时列席各学董及教员发表意见或致训词。（二）十二点会毕午餐；餐前唱歌，餐毕休息。（三）午后一点由乡队长指挥开始打靶并校阅国术，至迟不得逾下午三点钟。（四）打靶及比试国术毕，择优给奖。（五）受奖者向学长行一鞠躬礼，再向全体师长行一鞠躬礼。（六）授奖仪式毕，乡队长率领全队训练员向全体师长行礼，分村组解散。

（4）各村组长率各该村会员返村时，先到村学或村长门首，向村理事或村长报告在乡学开会情形及得奖姓名，再散队回家。

（5）回家后即将服装换下折叠收藏。武器系自有者，置放于妥实之处；借自公家或他人者，应即送还不得拖延。

（十四）会员平时应注意查报下列各项人等于村组长或乡队长

请为适当之处置，以免有害治安，败坏风俗。

（1）无业游民专一为非作歹者；（2）贩吸毒品或鸦片者；（3）交接外来形迹可疑之人者；（4）赌博取利者；（5）演唱有伤风化之淫戏者；（6）宣传破坏中国固有良好礼教者；乡队长、村组长及联庄会会员，知有上列情形而不举报者，以渎职论。

（十五）乡队长村组长接得上项报告后或自己觉察后，应即禀报乡村理事或村庄长核示办法；自非时间急迫，不得擅自行动。

（十六）联庄会会员如有假借本会名义招摇吓诈等情事及挟嫌诬告者，以法治罪。

（十七）联庄会会员，除乡队长外，概不支领薪饷公费。其为办理公众事务有所使费时，核实报销，事关一村者，一村公摊；事关一乡者，全乡公筹；若事件特别重大，一村一乡财力不克担负时，得请求设法补助。

（十八）联庄会会员已毕业者，应一律于每年冬季，作十五日之招集训练；其办法另定之。

（十九）各乡学关于联庄会会员每次开会之伙食及奖品等费用，平均每员每次按两角计算，综计每月一千一百人（两期合计）该用二百二十元；统由民团干部训练所本年度节余项下拨付，呈请研究院备案。

（二十）本规则提交地方会议通过，呈准研究院后公布施行。

## 二 邹平实验县修正各乡联庄会乡会乡射实施办法

（一）上午开会名为"乡会"；下午实弹射击名为"乡射"。

（二）各乡乡会乡射日期时间，由第一乡至十三乡按阳历一日至十三日顺次序举行，首善乡为十五日。

会员集合时间，一律于上午八时到齐，分组预行演习乡会礼节及乡射应作各项科目（如射击应取之姿势，预备检阅之术科科目，唱歌，报告词……）

乡会开会时间为上午九时，乡队举行于当日下午一时三十分，如时序有变更由警卫队预先通知。

（三）乡会秩序单，规定如下：

1. 肃立。

2. 奏乐。

3. 唱党歌。

4. 向党国旗及总理遗像行三鞠躬礼（徒手者脱帽鞠躬。持枪者行持枪敬礼。）

5. 主席（乡理事任之。如遇乡理事请假，由辅导员代行。）恭读总理遗嘱。

6. 主席报告。

7. 县长训话（县长如派员代表参加时，本项应改为县长代表训话。）

8. 学长辅导员师长训话。

9. 来宾讲演。

10. 自由演说。

11. 检查自新习艺所受训人。

12. 闭会。（闭会后会餐）

（四）乡射秩序单规定如下：

1. 肃立。

2. 奏乐。

3. 唱军歌——（卫乡爱国歌）。

4. 乡队长报告到的人数。

5. 主席（学长任之）点名。

6. 实弹射击（打靶）

7. 阅操。

8. 武装及清洁检查。

9. 批评。

10. 发奖。

11. 散队。

（五）实弹射击次序——乡队长率全队按点名次序排列，向主席（学长主席）致礼毕，继报告实到射击人数听候主席点名。射击开始——凡点到某人名时，应点人即行立正答"有"，持枪跑步到主席前（距离六步）致敬礼毕，随领弹药一发，转到靶场，按规定射击姿势装弹，自装自放，瞄准放射（无论何时枪口必须向靶）。射毕将机头（并大铁）拔起，立正候看靶人报告是否命中，及其命中成绩如何。即"向后转"跑步至主席前致敬礼，报告射击成绩，复致敬礼。"向后转"跑步归队。

其报告法如下："射手某某人报告：第一发命中若干环，〔或左（右）上（下）差；如脱靶，不要命中二字。倘射击二发以上，当继续报告同发。〕报完。

每组射击完毕，组长向左前跨一步，发"向右转"及"持枪跑步走"口令——跑至指定地点立定。

射击距离，为三十五单步。

靶场左右危险界，须设警戒哨，制止路人通过，以资安全。

每靶设看靶兵一人持浆糊位于安全界里，闻哨音，即出补靶及朗报发射成绩。

靶场设吹哨一人，待靶场各靶每次发射毕，乃吹哨示意看靶兵报靶，以免危险。

每组射击由该组正副组长改正射击应取姿势。

（六）阅操次序——乡队长于射击完毕集合全队会员，向检阅官致敬礼后，随即按照预颁科目开动（每月应检阅之术科科目，由警卫队预行电话传知准备）。闻检阅官发停止演习口令时，乡队长立发"各组解放——集合！"口令。整顿队形听候检阅官检查武装，及会员清洁。继为讲评。

（七）发奖次序——奖品以会员制服（便衣）袜子等土布材料，及好铅笔手簿等件为主。发奖时乡队长率全体会员列成点名队形，向主席致敬礼。

受奖人闻唤即立正答"有"出列立在主席正对方，用正步行进至距离主席六步立定，向主席敬礼毕，上前双手接领所奖物品，复退至相当距离再行敬礼，向后转，用正步返回原位置跑步入列。发奖毕乡队长率全队向主席致敬礼后，如无别事即解散。

（八）各乡乡会乡射由乡学预备，会员聚餐规定午膳一顿。

凡乡会开会时须将上月乡会乡射所需费用（如膳费奖品弹药等）及节余之数，由乡理事报告，俾众周知以清手续。如有剩余款项亦须积存留为联庄会会员公用。

（九）会员于乡会乡射日，在可能内，务应穿带制定之全副武装，制服（如夏天无制服时，得一律暂行穿用白土布短装；冬天概用蓝土布制服）帽，（夏带苇笠，冬带棉帽，平常季候带军帽）履，符号，子弹带，风纪带，干粮袋，水壶，裹腿，铅笔，手薄，牙缸，手巾，筷子，武器……）

会员所带武器，不论土枪或来复枪，属公有或私有的，到乡射日，务须携带机件完备确堪使用为要，平时更应注意拭擦修理及保管。并于射击时，切须自装自放，不得请人装弹。

（十）举行乡会礼，唱"党歌"，乡射礼，唱军歌——"卫乡爱国歌"。吃饭时，唱"吃饭歌"（歌词附后）。

"卫乡爱国歌"（谱民团救国歌）——试观全球，论人口中国最多，再看那全国武装，何等勇恪，欧美女人皆打靶，法德全民均执戈，可叹我国民，如病夫，一般弱。咱们国土既残破，各项权利又丧却，虽恨那强邻无理侵略，倘俺国民齐奋起，即能恢复旧山河。劝国民个个能文武，卫乡爱国。

"吃饭歌"——一粥一饭，来处当思。粒粒辛苦，血汗得之。盗匪滋扰，谁能保卫乡里，我辈天职。

（十一）凡乡会乡射日于射击阅操完毕后实施会员武装及清洁检查。其应检查各事如次：

1. 头面、耳、鼻孔、颈脖、身体——应常清洁！
2. 手足指甲——应当剪除！

3. 符号佩带合适否？

4. 武装拭擦干净否？

5. 风纪扣，衣扣，扣齐否？

6. 风纪带（腰带）束妥否？

7. 裹腿鞋袜……束着整齐否？

（十二）会员请短假者，经审查属实应予照准，期满销假。乡射日如非特要事不准给假。

会员如因职业出外，须请长假者，经审查属实得酌准之，同时中止其现有服役义务。但其回家时，即恢复原有义务。如组长等，经审查给予长假时，应开去本职，同时选拨品学较优会员补升，回家时仍应服会员义务。

组长会员遇请长假，或死亡时，得于其子弟中曾受青年训练者征调代行服役义务。

（十三）全队村组长，有三分之一，误点迟到者，正副乡队长，应受相当处分。各组会员，有三分之一，误点迟到者，正副村组长应受相当处分。

会员本人，误点迟到者，当场施以惩戒，其无故不到者，由乡学即行传到严惩。如该会员不在家，或乡学发生困难时得报由县府着政警查传惩办，（政警查传务必传到，始准完责。）无故不到者，惩戒办法，按其情形之轻重，酌罚相当劳役或其他处分。

（十四）自新习艺所受训人（即前在戒烟所烟犯或入特别班者）所有误点迟到或无故不到者，除适用前条外，必要时并得带县惩办以安乡里。

（十五）乡会就是在乡服务人员与民众集会的场合，也就是和民众学校上班无异，所以应特别欢迎各界民众参加。——注意：如不在教室举行，最好能备活动黑板及选择宽广场所举行。

（十六）每次乡会乡射完毕，各乡学应即按照下列各项备文呈报县政府。

1. "邹平实验县联庄会第　乡　月份第　次乡射官长会员花

名成绩清册"（附表第一）

2."官长会员报到单"（附表第二）

3."邹平实验县自新习艺所受训人花名自新成绩清册"（附表第三）

4."邹平实验县自新习艺所受训人报到单"（附表第四）

（十七）关于校阅各乡联合会操射击等，其日期时间及检阅科目，临时由县政府预先传谕。

（十八）本办法自二十四年八月一日实施。

附表一

| 邹平实验县联庄会第 乡第 次乡射官长会员花名成绩清册 ||||||
|---|---|---|---|---|---|
| 职别 | 姓名 | 组别 | 中靶成绩 | 奖品 | 备考 |
|  |  |  |  |  |  |
|  |  |  |  |  |  |
|  |  |  |  |  |  |
| 说明 | 一、纸张及表格之大小，务须按照所发样式自生油印制用，以资划一。<br>二、每乡所有官长会员姓名，每月完全填报，其各栏注明有应填报之事项者，须逐栏填入，其余不属各栏事项，及关于长假，事假，病假或无故不到者，概填入备考栏内。 |||||

邹平实验县第　乡　　乡队长　　乡理事
中华民国　　　年　　月　　　日

附表二

| 邹平实验县第 乡第 村组会员报到单 ||
|---|---|
| 应到 | 名 |
| 请假 | 名（附呈假条　张） |
| 无故不到 | 名 |
| 实到 | 名 |

续表

| 邹平实验县第　乡第　村组会员报到单 |
| --- |
| 无故不到姓名住址 |
| 中华民国二十四年　　月　　日村组长　　谨呈 |

邹平实验县第　乡　乡队长　乡理事

附表三

| 邹平实验县第　乡自新习艺所受训人花名自新成绩清册 ||||
| --- | --- | --- | --- |
| 姓名 | 村庄别 | 前犯案由 | 现在自新成绩 | 备考 |
|  |  |  |  |  |
|  |  |  |  |  |
|  |  |  |  |  |
| 说明 | 一、纸张及表格之大小、务须按照所发样式,自行油印制用,以资划一。<br>二、每乡所有前属烟民莠民姓名,每月完全填报,其各栏注明有应填报之事项者,须逐栏填入,其余不属各栏事项,及关于事假,病假或无故不到者,概填入备考栏内。 ||||

中华民国　　年　　月　　日
邹平实验县第　乡　乡队长　乡理事

附表四

| 邹平实验县第　乡第　村组受训人报到单 ||||||
| --- | --- | --- | --- | --- | --- |
| 应到 | 请假 | 无故不到 | 实到 | 无故不到姓名住址（烟民或莠民应分别注明） | 中华民国二十四年　月　日村组长谨呈 |
| 名 | 名（附呈假条张） | 名 | 名 |  |  |

注意：受训人由甲组通知转报村组长

## 三 邹平实验县各乡出夫打更守夜办法（选录第一乡，第三乡）

1. 邹平实验县第一乡冬季打更守夜暂行办法。

第一条　本办法于冬防期间适用之。

第二条　冬防期间，各村庄仍照旧规派夫转流打更守夜，由村庄长负管理指挥之责。

第三条　每至夜深各村庄不得有聚赌或饮酒情事，违者送县究办。

第四条　每至夜深遇有形迹可疑或语音不对之人即行严查究办。

第五条　每至夜深各村庄人等若无紧急要事，不得任意出入。

第六条　每晚由乡学随时派员巡查，倘有遵办不力者，即处罚其该管村庄长，值夜班长及更夫。

第七条　更夫打更应用梆子及锣两种更号，并须携带自卫枪枝（是项枪枝应由村庄长筹备借用）。

第八条　各庄受训会员为值夜班长，分组指导更夫打更守夜，并负督催上夫之责。

第九条　凡值夜班长及更夫必须彻夜按时梭巡，不得任意敷衍。

第十条　更夫如有不服从庄长及班长之指挥或无故不到者，由该管村庄长呈报乡学，严予处罚，或送县究办。

第十一条　本办法如有未尽事宜，得由乡学呈报县政府修正之。

第十二条　本办法自呈准县政府公布之日施行。

2. 邹平实验县第三乡打更须知

（1）各村按间出夫，编制成排，轮流守夜。

（2）凡有男丁之花户，均须出夫一人，不得雇人。

（3）灯油炉火费，由全村担任。

（4）每晚备小米稀饭一顿，由各村就财产宽裕之户筹之。

（5）各村打更须备梆子及铜锣，以作警号；无警，慢击；有警，疾击。

（6）各村庄更屋须就适宜地点设立。凡百户以上之村庄至少须设更屋二处，以期照顾周到。

（7）出巡打更时，须前明后暗，以便防查宵小。

（8）每夜出更人数，按各村总更夫人数十分之一抽调（例如有更夫百人每晚须有十人值更）。

（9）每夜巡查，至少五次，凡僻静之街巷，险要之路口，均须明查暗防，以备不虞。

（10）凡值更者，必须手持器械，无枪者，持刀予钩棍均可，切不可徒手出巡。如查有徒手值更者，即予严厉责惩。

（11）值更者，遇烟赌盗嫖放火之徒，一律查禁缉捕，送乡学转送县政府究办。

（12）更夫如有无故不到，以及偷情溺职，卖放奸人情事，贻误机要者，查明重处。

（13）各村更夫编制，及轮流值更之人数姓名，各庄长会同教师，绘制说明图表，或木牌，张贴悬挂于更屋，以便查询。

（14）本乡打更日期，自本年十一月二十一日一律开始办理。

（15）本乡打更除请县府督查外，本乡学随时派员督查之。

（16）本打更须知由乡学呈请县政府备案通告全乡施行。

## 第六节　乡队长之补习训练

二十三年夏初，以麦忙临迩，坡间人多，地方不致发生意外事端，经县政地方两次会议议决，乘此期间重行召集各乡队队长在民团干部训练所施以两个月之补习训练，使其在学识上技术上均有较深之进益。爰于六月一日开课，其学术科进行计划，如下列进度表。

## 乡队长补习训练学科术科进度表

### （甲）学科进度表

| 课目 | 回数及进度 | 第一月 进度 | 第一月 回数分计 | 第一月 回数合计 | 第二月 进度 | 第二月 回数分计 | 第二月 回数合计 | 各课目总回数合计 |
|---|---|---|---|---|---|---|---|---|
| 步兵操典 | 总则 | 授完总则 | 2 | 26 | | | 16 | 42 |
| 步兵操典 | 各个教练 | 授完各个教练（除轻机关枪） | 12 | 26 | | | 16 | 42 |
| 步兵操典 | 密集 | 由第二章第一百二十一条至一百六十一条 | 12 | 26 | | | 16 | 42 |
| 步兵操典 | 疏开 | | | 26 | 由第二章第一百六十二条授至第三百三十二条 | | 16 | 42 |
| 野外勤务 | 地形地物之识别及利用 | 授完第二编第一章 | 8 | 26 | | | 15 | 41 |
| 野外勤务 | 传令及侦探 | 授完第五编斥候全编及传令之一部 | 18 | 26 | | | 15 | 41 |
| 野外勤务 | 行军 | | | 26 | 授完第七编行军全编 | 7 | 15 | 41 |
| 野外勤务 | 驻军 | | | 26 | 授完第八编驻军全编及第九编警戒之一部 | 8 | 15 | 41 |
| 射击教范 | 学理 | 由第一章第七条授至第三十二条 | 8 | 12 | | | 4 | 16 |
| 射击教范 | 应用 | 由第四十条授至第六十条 | 4 | 12 | 由第六十条授至第八十六条 | 4 | 4 | 16 |
| 夜间教育 | | | | | 由著装教育授至射击之教育 | 5 | 5 | 5 |

续表

| 期别<br>回数及进度<br>课目 | 第一月 进度 | 回数 分计 | 回数 合计 | 第二月 进度 | 回数 分计 | 回数 合计 | 各课目总回数 合计 |
|---|---|---|---|---|---|---|---|
| 筑城 | 立射散兵沟及掘扩散兵沟各部之名称及其经始法（附横墙）跪射散兵沟及交通沟之经始法 | 6 | 6 | | | | 6 |
| 简易测绘 | 地图之见解 | 2 | 2 | 路上测图及要图之测绘法 | 4 | 4 | 6 |
| 户籍法须知 | | 24 | 24 | | 18 | 18 | 42 |
| 社会调查摘要 | | | | | | | |
| 应用文 | | 8 | 8 | | 6 | 6 | 14 |
| 经济常识 | | 12 | 12 | | | | 12 |
| 各课目总回数 | | 22 | 116 | | 68 | 184 | |
| 附记 | 一、本表所定进度，系概略规定；各主讲教师须按事实之需要，斟酌取舍，妥为分配授毕。<br>二、本表预定各课目及进度，有确难按期实施者，得酌量提前或推后之。<br>三、各种学科之次数有应增减者，得临时修改之。<br>四、学科教授与术科实施，须密切关联，俾收协同之效（即应操作之课目须先事讲授之）。<br>五、社会调查一课，拟讲一段落即使实习，按实习之结果如何，再行斟酌讲授，故其回数暂不预定，以备有伸缩之余地。<br>六、本表自六月一日实施。 | | | | | | |

## （乙）术科进度表

| 课目 | | 期别 回数及进度 | 第一月 | | | 第二月 | | |
|---|---|---|---|---|---|---|---|---|
| | | | 回数 | | 进度 | 回数 | | 进度 |
| | | | 分计 | 合计 | | 分计 | 合计 | |
| 制式教练 | 各个教练 | | | | 徒手各个教练持枪各个教练 | | | |
| | 部队教练 | | | | 班教练<br>排教练连教练之一部 | | | 排教练<br>连教练 |
| 战斗教练 | 地形识别 | | | | 地区地物之指示并说明其价值 | | | |
| | 距离测量 | | | | 步测<br>目测（二百米至八百米） | | | |
| | 各个教练 | | | | 散兵行进停止间利用地物射击姿势 | | | |
| | 侦探勤务 | | | | 侦探出发行进搜索<br>行军侦探<br>驻军侦探 | | | |
| | 步哨勤务 | | | | 赴守地时之动作<br>监视法 一般守则<br>特别守则 | | | |
| | 传达勤务 | | | | 出发前之复诵<br>传达速度<br>遇敌时之处置 | | | |
| | 行军警戒 | | | | 夫兵出发行进及遇敌时之动作 | | | |
| | 前哨 | | | | | | | 排哨配置（1）有余裕时间之配置法（2）无余裕时间之配置法<br>排哨抵抗法<br>排哨撤收法 |
| | 排连疏开及散开 | | | | | | | 各种队形之各种疏开<br>战斗前进<br>各种队形之散开 |

续表

| 期别<br>回数及进度<br>课目 | | 第一月 | | | 第二月 | | |
|---|---|---|---|---|---|---|---|
| | | 回数 | | 进度 | 回数 | | 进度 |
| | | 分计 | 合计 | | 分计 | 合计 | |
| | 火线构成 | | | | | | 火线构成之时机及命令班之协商 |
| | 连之运动展开散开 | | | | | | 接敌运动，运动与射击之连击，展开之部署及命令之下达法 冲锋及敌阵内之攻击 |
| | 对抗演习 | | | | | | 连排之遇战攻击防御 追击退却掩护扰乱 |
| 夜间演习 | | | | 视力听力之养成，方位识别，静肃行进，著装法 | | | 警急集合侦探步哨排哨连排之警戒及搜索 |
| 射击技术 | 预行演习 | | | 据枪瞄准及发射法 立射架上瞄三角法 | | | |
| | 基本射击 | | | | | | 跪势　卧势 |
| | 体操 | | | | | | |
| | 劈刺术 | | | | | | |
| | 拳术 | | | | | | |
| 工作实施 | | | | 器具之携持及使用法，掘土法，投土法，积土法立射散兵沟 | | | |
| 附记 | | 一、全期术科时间，共九十五次。<br>二、夜间演习及射击，于自习或学科时间行之。<br>三、关于技术教育之计划，另表规定。<br>四、部队教练，由学员轮流充当官长。 | | | | | |

## 第七节　民团干部训练所之改组

本县民团干部训练所设立"干部""征训"两队已如上述。迨至征训队学员结业后,举办第一届联庄会训练,计训练联庄会会员一千一百三十名,各乡乡队一律成立,自卫基础,至是略固,实验计划,可以渐谋进展,故将干部训练所改组。所长仍由县长兼,所长之下设督教练,军事教官,民事教官及助教各一人,直辖各乡队。裁撤干部队及征训队,暂设卫士班,以供差遣。各乡乡队长无事得集中所内,有事即散归乡学,窃师唐府兵制"将集于朝,兵散于野"之遗意也。

# 第四章　邹平自卫实验第二期之设施

二十三年七月至二十四年六月底

### 第一节　第一期村组长补习训练

村组长之地位，在本县自卫组织中，为联庄会之下级干部，乃指挥各村会员之直接长官，其程度必须较一般会员为高，方足以胜任。为增进其学术，充实其能力计，补习训练极感需要。以是于乡队长补习训练结束后，即便筹办各乡队所属村组长补习训练。经第九次县政会议及第十三次县地方会议通过邹平实验县联庄会各乡队现任村组长训练暂行办法。乃于二十三年十月一日开始训练。以四个月为一期，计三期可训练完毕。第一期于二十三年十月开始训练至二十四年元月三十日结业，各乡村组长受训人数计首善乡一名，第一乡三名，第二乡三名，第三乡二名，第四乡二名，第五乡二名，第六乡二名，第七乡四名，第八乡三名，第九乡二名，第十乡二名，第十一乡三名，第十二乡二名，第十三乡五名，总计三十六名。村组长报到时，并须随带本庄公有或私有快枪一枝。在训练期间每名发给制服一套，并支给薪饷七元五角。此项费用，各乡可统计三期需用之总数，一次摊齐，并可斟酌情形，分散催收。此第一期村组长补习训练之大概情形也。

村组长训练之主旨，固在补充其能力，养成干部人才，充实本县之自卫组织，以供治安之需要。但在训练期间，即自然形成一确切之实力足资警卫。故在村组长补习训练开办以后，实为全县树一强厚之警卫武力。逐期更替，训练与警卫，则一举而两得。兹就其警卫效用之一义言之，正切合于民兵制度之意旨，是又步进于民兵制度之实验阶段矣。

**关系文件**

### 一　邹平实验县联庄会各乡队现任村组长训练暂行办法

（一）本办法基于治安上之需要，及地方自卫初级干部人材之培养订定之。

（二）本县联庄会各乡队共计村组长一百零八名，分期调集民团干部训练所重加训练，名曰村组长训练班，每期三十六名，其各乡村组长受训先后，由乡队长商同乡理事选择程度较优者先行受训，其余依次按期轮流之。

（三）每期村组长受训期间，定为四个月。第一期二十三年十月一日开始，至二十四年元月底止。第一期结业，第二期开始。第三期亦如之。

（四）村组长在训练期间，每名发给制服一套，每月支给薪饷七元五角，此项费用，均由各村组长所在乡公摊之。

（五）各村组长应带本庄公有或私有快枪一枝；如本庄无快枪者，由本乡乡理事设法筹办之。

（六）本班所需设备，仅由训练所中器具图书供用。其印刷讲义及灯火等项费用，除由训练所公费项下开支外，如不敷应用时，再由所呈请县府补助。至应用参考书籍及笔墨纸张，均归村组长自备。

（七）本班关于教务方面，除干部训练所应负完全责任外，必要时得请山东乡村建设研究院及县政府人员担任讲授。

（八）村组长在受训期间，所遗职务，由副组长代理之。

（九）各村组长如有程度太差，碍难上进者，得由各乡学就已在第一二届联庄会训练队征训班受过训练之会员遴选保送，但不得超过规定之额数。

（十）各村组长结业后，凡品学俱优者，遇乡队正副队长出缺得优先补用。

（十一）本班关于学术科之训练及临时编制，另订之。

（十二）本办法如有未尽事宜，得按制定手续临时修正之。

（十三）本办法自呈奉山东乡村建设研究院核准之日施行。

**二 邹平实验县村组长补习训练军民事学科教育进度表**

（见第56—58页）

**三 邹平实验县村组长补习训练术科教育进度表**

（见第59—62页）

## 第二节 第二届联庄会训练及乡集合训练之实验

本县第二届联庄会训练系于二十三年十一月召集，仍遵去年呈准之训练办法办理。一切课程编制及组织与第一届训练情形大致无异。惟以地方枪支缺乏，征训人数，经临时县地方会议议决减少半数，按全县一千一百七十二间，每间选送一人，由乡学用抽签法决定半数，中签者即应征受训，未中签之半数，留待下届征训，但受训经费，仍按每间一人，由各村庄筹摊，一次缴齐，而所余半数之款，即用作购置枪支，分配各乡，充实地方武力，以资保卫。又本县第二第十三两乡，距城较远，冬防期间治安堪虞，如调集已受训会员维持弹压，则伙食杂用，所费不赀，当为变通两全之计，特将该两乡应征受训之会员，免予来城，即在各该乡，集合训练，由县派员前往协助，一面指挥就近维持地方治安，不再另行征调会员，成立冬防队，既省经费，且足为乡集合训练之实验。办理结果，除使农民对于自卫训练可得较深之了解外，以比较县集合训练并无不便。惟尚非完全委由该两乡乡学自行办办理，仍为县集合训练之编

| 课目 | 期别 / 进度及次数 | 第一期（由十月一日至十一月十一日）进度 | 分计 | 合计 | 第二期（由十一月十二日至十二月二十三日）进度 | 分计 | 合计 | 第三期（由十二月二十四日至元月三十日）进度 | 分计 | 合计 | 各课目总回数 合计 |
|---|---|---|---|---|---|---|---|---|---|---|---|
| 步兵操典 | 总则 | 摘要授完 | 4 | 32 | | | 30 | | | 28 | 90 |
| 步兵操典 | 各个教练 | 授完 | 22 | | | | | | | | |
| 步兵操典 | 连教练（密集） | 由第百二十一条至第百四十八条 | 6 | | 由第百四十九条至第百七十一条 | 2 | | | | | |
| 步兵操典 | 连教练（疏开） | | | | 由第百六十二条至第百七十七条 | 28 | | 由第二百七十八条至第三百六十条 | 28 | | |
| 野外勤务 | 地形地物之识别及利用 | 授完第二编第一章 | 10 | 14 | | | 30 | | | 24 | 68 |
| 野外勤务 | 传令及侦探 | 授完第五编传令之一部 | 4 | | 摘要授完第五编斥候全编 | 12 | | | | | |
| 野外勤务 | 行军 | | | | 摘要授完第七编行军全编及第九编警戒之一部 | 18 | | | | | |
| 野外勤务 | 驻军 | | | | | | | 摘要授完第八编驻军编及警戒之一部 | 24 | | |

第四章　邹平自卫实验第二期之设施　　57

续表

| 课目 | 进度及次数 | 第一期（由十月一日至十一月十一日） 进度 | 分计 | 合计 | 第二期（由十一月十二日至十二月二十三日） 进度 | 分计 | 合计 | 第三期（由十二月二十四日至元月三十日） 进度 | 分计 | 合计 | 各课目总回数合计 |
|---|---|---|---|---|---|---|---|---|---|---|---|
| 射击范围 | 学理 | 摘要授完第一篇 | 9 | 14 | 由第六十条至第八十六条 | 8 | 8 | | | | 22 |
| | 应用 | 由第二篇第四十条至第六十条 | 5 | | 由第四章至第五章摘要授完 | 4 | 4 | | | | 18 |
| 夜间教育 | 武装视力听力及行进方位 | 由第一章至第三章 | 6 | 6 | | | | | | | |
| | 步哨侦探及步队冲锋 | | | | | | | 由第十一章至第十四章摘要授完 | 8 | 8 | |
| 陆军礼节 | 摘要授完 | | 6 | | | | | 授完第十七章全章 | 6 | 6 | |
| 内务规则 | 摘要授完 | | | | | | | | | | |
| 乡村建设大义 | | | 18 | 18 | | | | | 18 | 18 | |
| 乡村自卫研究 | | | 18 | 18 | | | | | 18 | 18 | 36 |

续表

| 课目 | 第一期（由十月一日至十一月十一日） | | 第二期（由十一月十二日至十二月二十三日） | | 第三期（由十二月二十四日至元月三十日） | | 各课目总回数合计 |
|---|---|---|---|---|---|---|---|
| | 进度 | 回数分计合计 | 进度 | 回数分计合计 | 进度 | 回数分计合计 | |
| 会胡 | | | | | | | |
| 语录 | | | | 24 | | | 24 |
| 户籍 | | | | | | | |
| 须知 | | | | | | | |
| 农业 | | | | 12 | | | 12 |
| 常识 | | | | | | 12 | 12 |
| 棉业 | | | | | 12 | 12 | |
| 合作 | | | | | | | |
| 应用文 | | | | | | | |
| 总计 | | 108 | | 90 | 306 | | |

附记：

一、本表全期军事学科共二百零四次进度，由各主讲教师斟酌规定之。

二、关于民事学科共百零二次，每次时间一小时。内务规则于自习时间讲授。

三、本表预定各课目及进度有碍难实施者，得酌量提前或推后之。

四、学科之课目与教授须与术科密切连系以收协同之效。

五、每周所讲之课目于星期日温习之。

## 第四章　邹平自卫实验第二期之设施

| 学期 | | | 第一期<br>（由十月一日至十一月十一日） | | | 第二期<br>（由十一月十二日至十二月二十三日） | | | 第三期<br>（由十二月二十四日至元月三十日） | | | 各课目次数总计 |
|---|---|---|---|---|---|---|---|---|---|---|---|---|
| 课目 | | 次数<br>分计 | 次数<br>合计 | 进度 | 次数<br>分计 | 次数<br>合计 | 进度 | 次数<br>分计 | 次数<br>合计 | 进度 | 合计 |
| 制式教练 | 各个教练 | 38 | 48 | 徒手各个教练<br>持枪各个教练 | | | | | | | | 76 |
| | 部队教练 | 10 | | 班教练 | 20 | 20 | 排教练<br>连教练 | 8 | 8 | 排教练<br>连教练 | |
| 战斗教练 | 地形识别 | 4 | 18 | 地区地物之指示<br>地区地物对于军事上之价值<br>地区地物之利用法 | | | | | | | | 111 |
| | 距离测量 | 4 | | 步测（百米至四百米之复步数）<br>目测二至百米之实验<br>目测五百至八百米之实验 | | 47 | | | 46 | | |
| | 各个教练 | 6 | | 散兵之进行停止<br>散兵发现目标之处置<br>散兵利用地形地物之射击资式 | | | | | | | |
| | 侦探勤务 | | | | 10 | | 侦探出发行进搜索<br>行军侦探<br>驻军侦探 | | | | |

续表

| 课目 | 第一期（由十月一日至十一月十一日） | | | 第二期（由十一月十二日至十二月二十三日） | | | 第三期（由十二月二十四日至元月三十日） | | | 各课目总次数合计 |
|---|---|---|---|---|---|---|---|---|---|---|
| 月日 次数及进度 | 进度 | 次数分计 | 合计 | 进度 | 次数分计 | 合计 | 进度 | 次数分计 | 合计 | 合计 |
| 步哨勤务 传达勤务 | 传达出发前之复诵 传达遇敌时之处置 传达对受简者之动作 | 4 | 18 | 步哨赴守地时之动作 步哨监视法及换班法 步哨一般守则及特别守则之记忆 | 6 | 47 | 步哨发现人时之动作 步哨军使之处置 步哨之连络法 | | 46 | 111 |
| 行军警戒 驻军警戒 | | | | 尖兵出发之动作 尖兵之行进法 尖兵遇敌时之处置 | 7 | | 步哨配备 有余裕时间之配置法 无余裕时间之配置法 排哨抵抗法 排哨撤收法 | | | |
| 战斗 教练 | 排连疏开 及散开 火线构成 连之展开 及散开 对抗演习 | | | 排各种队形之各种疏开法 连各种队形之各种疏开 及战斗前进 连排遇敌改攻击防御 排之追击退却掩护扰乱 | 10<br>8 | | 排火线构成之时机及其命令 班之协商1连运动与射击 之连击 展开及敌阵内之攻击 连排木及敌阵内之攻击 连之遇敌改攻击退却 连之追击退却 | | | |

续表

| 学期\课目 | 第一期（由十月一日至十一月十一日） | | | 第二期（由十一月十二日至十二月二十三日） | | | 第三期（由十二月二十四日至元月三十日） | | | 各课目总次数合计 |
|---|---|---|---|---|---|---|---|---|---|---|
| 月日\次数及进度 | 进度 | 次数分计 | 次数合计 | 进度 | 次数分计 | 次数合计 | 进度 | 次数分计 | 次数合计 | 合计 |
| 射击 预先演习 | 据枪瞄准引发 立射架上瞄三角 | 6 | 6 | | | | | | | |
| 射击 基本射击 | | | | 立姿势之实弹射击二百米达 跪姿势之实弹射击二百米达 | 2 | 2 | 立势之实弹射击二百五十米达距离 跪势之实弹射击二百五十米达距离 卧势之实弹射击三百米达距离 | 3 | 3 | 11 |
| 夜间演习 | 着装法 视力听力之养成 | 5 | （5） | 方位识别静肃行进 | 5 | （5） | 警急集合 侦探步哨排哨之警戒及搜索 记号及音乡之记忆 部队冲锋 | 8 | （8） | （18） |

续表

| 学期 | 第一期<br>(由十月一日至十一月十一日) | | | 第二期<br>(由十一月十二日至十二月二十三日) | | | 第三期<br>(由十二月二十四日至元月三十日) | | | 各课目总次数合计 |
|---|---|---|---|---|---|---|---|---|---|---|
| 课目 | 次数及进度 | | 进度 | 次数 | | 进度 | 次数 | | 进度 | 合计 |
| | 分计 | 合计 | | 分计 | 合计 | | 分计 | 合计 | | |
| 技术 劈刺 | 20 | (32) | | | (32) | | | (30) | | (94) |
| 　　 拳术 | 12 | | | | | | | | | |
| 　　 体操 | | | | | | | | | | |
| 筑城实施 | | | | 3 | | 器具之携持及使用法<br>掘土投土积土法<br>立射散兵沟之经始法 | 3 | 3 | 掘扩散兵沟<br>跪射散兵沟<br>立射散兵沟之经始法 | 6 |
| 敬礼演习 | | | | | | | | | | |
| 总计 | | 22 | | | 22 | | | 60 | | 204 |

附记　一、全期术科共二百零四次，每次时间二小时。(第一、二期每期为六周，第三期为五周另三天计算。)
　　　二、夜间演习于自习时间施行，表内数目字有括弧者不在正课计算之列。
　　　三、关于技术除劈刺拳术之外，尤注重体格锻炼，举行爬山、越野、赛跑、超越栏阻等特别技术。其划划另表规定之。
　　　四、部队教练由学生轮流充当官长。
　　　五、本表与学科计划相辅而行，遇必要时，得略事变通，以利进行。

制，乃由县集合编定后，仅带赴该两乡乡学所在地训练者。此与乡集合训练之义尚多未合。但经此次就乡训练之实验所得，足证乡集合训练之实施，确较县集合训练为进步矣。

查此次应征实到会员人数为五百六十七名，分五队训练，第一队一百五十九名，第二队一百一十三名，第三队一百六十三名。以上三队均集中县城训练，借用研究院房舍。第四队五十五名集中青阳店第二乡学训练，第五队七十七名集中花沟第十三乡学训练。本届征训会员之教育程度，计文义通顺者一百六十七名，识字者二百四十二名，不识字者一百五十八名。复经详细考查，此次应征会员均系有身家财产之成年农民，全无代雇情事。此固由于召集时事前筹备充分，考查谨严，而第一届联庄会会员回乡服务之宣传影响效力殊大。乡民疑惧之心理既除，故肯踊跃应征，此亦一种进步之现象也。

**关系文件**

**第二届各乡选送联庄会会员注意事项**

一、按各乡已呈报各村间数全县共一千一百七十二间。每间出会员一人，应共一千一百七十二人。本年冬季农隙，第二届联庄会应征人数，经县地方会议议决，征集半数，计五百八十六人。以其余半数会员之费用，计六千四百四十六元，充作地方购买枪枝之用。此款由应征会员一次带来。

二、各乡应征之会员，经乡学检验合格后，再送交县政府复验。惟第二，第十三，两乡已呈准。

山东乡村建筑研究院，就近在各该乡学集中受训，兼顾冬防，送城经县政府复验后，仍发回各该乡学训练。其余各乡，均照县地方会议议决集中城里训练。

三、各乡学选送联庄会会员，应按照各乡已呈报各村之间数，每间责令保送合格会员一人，于限期内各携带大洋十一元，齐送乡学。

由乡学检验合格后，用抽签法，决定应征之半数。中签者，即携带二人之用费，由乡学送交来县。其未中签者回家，由乡学将姓名登记呈报，以备下年再行召集训练。

四、各村间选送会员，即以田赋粮银之多寡，定受训次序之先后；殷实富户粮银较多，家有壮丁，具备应征之条件者，应先依次征训（已受训练者免）。无论贫富，不得推诿规避，不得代顾。届时由县政府密派干员下乡认真侦查，如有朦蔽逃脱雇佣顶替等情，一经查出，定行严惩。

五、应征之会员，纯系义务性质，服装伙食，已归各该村间所交纳之十一元内支给，不得再向村长间长，无理要胁索取财物；如有违犯，一经查出，索给两方均予严惩。

六、各间保送会员之条件：

（一）有身家田产者。

（二）粗通文字者。

（三）身体强壮年在十八岁以上二十五岁以下者。

（四）不准代雇；违则雇者及被雇者依法从重处理。

七、各乡学考送会员办法：

（一）由乡通令各村各间于国历十一月七日，将所应保送会员一人，一律依限送交乡学，听候考验。

（二）各乡学学长乡理事辅导员会同考验后，再用抽签法保送半数，将中签之会员人数，姓名，年龄，职业，学历（如上私塾几年某某学校毕业），住址（分某乡某村某间），造册注明，各该乡学留一份，呈报县府一份，未中签者，亦须登记呈报，以备下年召集。

（三）经乡学考取之会员，即日回家随带被褥及深蓝棉裤各一件，第首、一、二、三、四、五、六、七乡限于十一月九日齐集乡学，第二、八、九、十、十一、十二、十三乡限于八日齐集乡学，由乡理事等当日率领到县政府报到，交研究院联庄会训练班总队部验收。第二第十三两乡会员，经县政府复验后仍带同各该乡学训练。

（四）如各村间所选送会员，不合上列所限条件，及既延误期者，一经查实，村间长须受严重处罚。

八、各村考取之联庄会会员，所需伙食服装杂费等项，统由该员本庄分摊。每员两个月所需各费共计定为十一元，连同未中签之会员每人十一元，共计二十二元。入班受训时由乡理事带领一次交足，存本县金融流通处备用，不得拖欠（服装：土制毡帽一顶，粗布蓝棉袄一件、裹腿一付，腰带一条，统由所带十一元内支付）。

九、各训练员应各带本庄公私所有之枪械一枝，无快枪者可带来复枪，均归各本庄庄长或乡村理事设法筹措。

十、各村青年，具有本办法第二条所列之资格自愿受训者准予附学，其一切费用，概归自备。

## 第三节　裁撤民团干部训练所，成立警卫队，实施联庄会会员抽调补习训练

本县由办理村组长补习训练以为民兵制度之实验，已于前节言之。而补习训练非仅应施之于村组长，亦应施之于其余会员，择优抽训，增高其程度，以为人才之养育；储备既多，选用得尽其才；干部充实，随地可致其用，以为将来村集合训练之实施计，尤非专设一较高之训练机关不足以供此需求。且地方之常备警力单弱，亦概有增厚之必要。本县以办理村组长补习训练之办法，适具有以上两种作用，乃于廿三年底决定改民团干部训练所为警卫队，即意在以抽训之会员担任地方警卫之主力，并作民兵制度之实验也。此项计划即以列入修正邹平实验县县政府组织暂行办法中呈请试办，旋于二十四年一月奉省府指令照准，当即按照计划，裁撤民团干部训练所，成立警卫

队。至此术士班已失其设立之必要，故亦完全裁撤。本县招募之兵，除警察外已尽废止矣。警卫队之组织：队长一员，军事教官及军事助教各一员，书记兼会记一名，号兵一名，传令兵一名，伙夫四名，学员四班，每班学员十名，正副班长各一名，总计官长学员兵夫共五十八名。其经费：包括各乡乡队长津贴二千五百二十元，及校阅费（即各乡队每月举行乡会乡射费）三千元，全年经费为一万三千三百零八元（预算细目附后）。其训练：以四个月为一期，每期调训会员四十名，期满更调，是为联庄会会员之抽调补习训练。所有课程及进度计划大致与村组长之补习训练课程相同。

警卫队虽于二十四年一月成立，而联庄会会员抽调补习训练，以村组长训练尚未完竣之故，实未能立即实施，仍以尽先委由该队赓续办理村组长训练，至二十四年七月方开始联庄会会员之抽调补习训练也。

## 关系文件

### 一 呈送修正邹平实验县县政府组织暂行办法呈文

呈为修正本府组织暂行办法，恭请

鉴核示遵事：窃查本府组织暂行办法，施行以来，发见尚有应行修改之处，谨将拟加改正事项分陈于下：

（一）公安局及民团干部训练所，士兵无多，而官佐设置，颇嫌浮滥，且士兵出自招募，当兵徒为社会上不生产之游荡份子，散则易滋地方之害，此应改善者一。又政务警，迭经整顿，固不复有从前班役习气，惟其政警名称，究系旧日班役蜕化而来，既无机会与其他正式警团之列，抑难以坚其向上求进之志，此应改善者二。拟将公安局民团干部训练所及政务警各名义，一律裁撤，尽原有薪饷少设官佐，增多兵额，编制两部：计（甲）警卫队若干名，此队纯以曾受训练联庄会员征调充之，以深造军事技术，及剿匪游击为职务，服役以四个月为一期，期满归农，轮流值调，借以作寓兵于农，推行民兵制之实验。（乙）行政警察队若干名；此队暂以原公安局民团政警之精干者选充，概施以公安警政务警应具之常识与训练，俾催粮，传案，值岗，卫生，户籍，协剿匪类等事，人人能之，既可泯外界卑视政警之心，而旧日班役恶习，亦永无复生之日，以上两队，各设队长一人，队长下设书记及班长若干人，均直隶于县政府。官佐虽取紧缩政策，而行政效率则增加矣。

（二）原县府第二、三两科，主要职掌，均为财政事项，虽有省县之别，实则性质相类，与其分立两科，不若合并办理，拟将第二科所管财政事项，并于第三科职掌，其他事项，并于秘书及第四科职掌之内，用人上较为经济。

（三）各乡辅导员十四人，虽以乡村为其工作对象，县府亦不可无其会商办公地址，本诸过去一年经验，急宜加以改善，拟于县府设辅导员办公室，俾作辅导会议，及商洽公务之地，录属县长，以明统系。

其于上述理由，将本府组织暂行办法，略事修正，除俟预算修改完竣，具文续呈外，是否可行，理合检同修正本府组织暂行办法，具文呈请

钧院鉴核，俯赐准予试办，并乞转呈备案，实为公便。

再查此次本府组织虽有变更，而于预算总数，并无出入，合并陈明。

谨呈
山东乡村建设研究院院长。

计呈送
修正邹平实验县县政府组织暂行办法两份。
署理邹平实验县县长王怡柯。

## 二　警卫队经费预算表

| | | | | |
|---|---|---|---|---|
| 警卫队经费 | 13308 | | | |
| 第一项薪饷 | 6324 | | | |
| 第一目薪金 | 1596 | | | |
| 第一节队长薪金 | 720 | | | 队长一员月薪六十元全年共计如左数 |
| 第二节军事教官薪金 | 420 | | | 军事教官一员月薪三十五元全年共计如左数 |
| 第三节助教薪金 | 216 | | | 助教一员月薪十八元全年共计如左数 |
| 第四节书记薪金 | 240 | | | 书记一员月薪二十元全年共计如左数 |
| 第二目饷项 | 4728 | | | |
| 第一节班长饷 | 456 | | | 班长四名月各支九元五角全年共计如左数 |
| 第二节副班长饷 | 408 | | | 副班长四名月各支八元五角全年共计如左数 |
| 第三节训练员饷 | 3360 | | | 训练员四十名月各支七元全年共计如左数 |
| 第四节号兵饷 | 108 | | | 号兵一名月支九元全年共计如左数 |
| 第五节传令兵饷 | 108 | | | 传令兵一名月支九元全年共计如左数 |
| 第六节伙夫饷 | 288 | | | 伙夫四名月各支六元全年共计如左数 |
| 第二项办公费 | 840 | | | |
| 第一目文具 | 96 | | | |
| 第一节纸张 | 60 | | | 各种纸张月约需洋五元全年共计如左数 |
| 第二节笔墨 | 24 | | | 各种笔墨月约需洋二元全年共计如左数 |

续表

| | | | | |
|---|---|---|---|---|
| 第三节 杂品 | 12 | | | 浆糊小刀印泥等月约需洋一元全年共计如左数 |
| 第二目 邮电 | 24 | | | |
| 第一节 邮费 | 12 | | | 邮费月约需洋一元全年共计如左数 |
| 第二节 电费 | 12 | | | 电费月约需洋一元全年共计如左数 |
| 第三目 消耗 | 420 | | | |
| 第一节 灯火 | 180 | | | 公用灯油火柴月约需十五元全年共计如左数 |
| 第二节 茶水 | 60 | | | 公用茶水月约需五元全年共计如左数 |
| 第三节 薪炭 | 180 | | | 公用薪炭月约需十五元全年共计如左数 |
| 第四目 印刷 | 60 | | | |
| 第一节 印刷 | 60 | | | 印刷讲义等月约需五元全年共计如左数 |
| 第五目 旅费 | 60 | | | |
| 第一节 旅费 | 60 | | | 因公出差旅费月约需洋五元全年共计如左数 |
| 第六目 购置 | 120 | | | |
| 第一节 器具 | 120 | | | 购置器具月约需洋十元全年共计如左数 |
| 第七目 杂支 | 60 | | | |
| 第一节 杂支 | 60 | | | 杂支月约需五元全年共计如左数 |
| 第三项 服装费 | 624 | | | |
| 第一目 服装费 | 624 | | | |

续表

| | | | | |
|---|---|---|---|---|
| 第一节服装费 | 624 | | | 本队士兵共五十员名，年各支服装费十二元，伙夫四名，年各支服装费六元，合计如左数 |
| 第四项乡队长津贴 | 2520 | | | |
| 第一目乡队长津贴 | 2520 | | | |
| 第一节乡队长津贴 | 2520 | | | 乡队长三十人月各津贴七元全年共计如左数 |
| 第五项联庄会校阅费 | 3000 | | | |
| 第一目联庄会校阅费 | 3000 | | | |
| 第一节联庄会校阅费 | 3000 | | | |
| 调训官兵薪饷 | 2244 | | | |
| 第一项调训官兵薪饷 | 2244 | | | |
| 第一目调训官兵薪饷 | 2244 | | | |
| 第一节调训官兵薪饷 | 2244 | | | 调训官兵十八名月共薪饷洋一百七十元全年二千零四十元又年支服装费二百零四元合计如左数 |

## 第四节　第二、三期村组长补习训练

本县村组长补习训练，照邹平实验县联庄会各乡队现任村组长训练办法之规定，以四个月为一期，共分三期训练。第一期系于廿四年元月底结业，办理情形已于本章第一节述之。本县警卫队成立后，依据计划，应即召集第二期，当时金以未受训之村组长，额数非多，且第三期受训期间恰值农忙时期，极应合并训练，以收事半功倍之效。经第二十八次县政会议。议决二三两期村组长合并训练，期于农忙前训练完竣。乃于二十四年二月一并召集，至五月三十日遂告结业。各乡村组长受训人数，计首善乡三名，第一乡三名，第二乡六名，第三乡四名，第四乡五名，第五乡四名，第六乡五名，第七乡九名，第八乡六名，第九乡四名，第十乡三名，第十一乡五名，第十二乡四名，第十三乡十名，共计七十一名。村组长完全受训后，各乡队之干部始臻健全，指挥会员，日趋有方，乡队之运用乃逐渐活跃矣。

## 第五节　举办青年义务教育训练班实施成人军事训练——即村集合训练之实验

本县实验工作，以改进社会为中心，而有乡学村学之设立，即意在以成人教育为重也。自卫训练，以成年农民为对象，本即成人教育，不过以自卫为前题耳。而成人教育必期其有显著之实效，方克有助于社会之改进，是又必待于成人教育之切实施行；有如自卫训练之办法以施于一般之成人，或足以见成人教育之功。若近年各地倡行之普通民众教育实不足以当此任。今本县之办理自卫训练，以训练干部为起点，以县集合训练，乡集合训练为过渡，必期以达于村集合训练者，统为欲实施成人教育之主旨耳。村集合训练者，就自卫之义言之也，苟至其实施之际，转就各村而论，即为各村之成人教育。本县之办理联庄会训练，虽每年可得受训之会员千余人，但云自卫，殊不为少；以言训练民众，究属有限，故必施之于各村，非仅以宏自卫之力而已。但村集合训练之实施，必待各村备有相当之人才与设备，非如普通民众教育之轻易可行，是必以立干部而定基础，方克举办。今本县各村已得以受训之会员为干部，乃有青年义务教育训练之计划，暂作村集合训练之实验。二十三年十二月先试办于第十三乡，并订有农闲青年训练实施办法，依照施行。至二十四年三月，始行划一训练办法，将全县十六岁以上，三十岁以下之青年男子，各就所在地之村学、村立学校，集合训练，每日分早晚两节，半施成人教育，半施军事训练，既不误其日常生活，复获训练青年之实效，经第十九次县地方会议议决通过本县青年义务教育实施大纲，课程纲要，奖励办法等以资进行。是年三月十八日，各村村学及村立学校之青年义务教育训练班，均行开课。其教员由各村村学及村立学校之教员兼任；军事教官及助教，由村组长副及联庄会已受训练之会员充之；各乡乡理事辅导员及乡队长均为本乡之指导员；县府则另派巡回指导员分乡指导。该训练班设于村学或村立学校，为村学或村立学校之一部，以便训练之易施。计各乡受训之青年人数：首等乡三百零五人，第一乡四百九十四人，第二乡六百三十四人，第三乡三百八十人，第四乡五百三十九人，第五乡三百三十七人，第六乡四百四十人，第七乡七百九十五人，第八乡三百九十八人，第九乡四百零八人，第十乡四百五十九人，第十一乡七百九十人，第十二乡五百五十四人，第十三乡一千四百一十七人，全县总计八千五百八十九人。但适因挖杏花沟开工之故，训练未及一月旋告停顿。

查此青年义务教育之办理，虽因河工关系，提前结束，未能如所预期，又以事属创举，非民众所习见，开始施行，亦经不少困难，但以办理之认真，各村联庄会会员之精神齐振，热心从事，劳怨不辞，政府既示以决心，全县乃一致动员，风声感召，兴致立增，甫及十日，凡在晨夕集合训练之时，钟鸣号响，声振行人；军令歌音，比村相闻；受训青年，经此鼓舞，莫不有山河气壮之概矣！即此所获，方信吾人多年之理想为不虚；训练民众，但苦不得其道；苟得其道，孰谓吾国民众不易唤起也。

**关系文件**

一　第十三乡农闲青年训练实施办法

（一）训练方针：1. 引发团体意识，2. 培养纪律习惯，3. 灌输普通为人道理，4. 启迪立志服善之心愿。

（二）期间：1. 受训期间，暂以一个月为准，自民国二十三年十二月十八日起至民国二十四年一月十日止。2. 受训期间，每日最低限二小时，以日间为原则，如有特殊关系，亦得晚间行之。

（三）受训人员：1. 受训人员，以村为挑选单位，每村凡在十五岁以上三十岁以下者须报名受训。2. 上项所列受训人员长工及客居均在内。3. 曾经院县训练之人员及中等以上教育程度者除外。

（四）主办组织：1. 为促进工作效率起见，特行组织青年训练干部委员会，总揽训练督察考核等全责，由乡理事辅导员指导员联庄会队长等人组织之。2. 各村之理事及村长等皆随时随地负督劝察询之责，并负事务之责。3. 各村小学教师村学教员训练部实习同学及曾经受训练之联庄会会员皆为当然教员，分别教导学术等科。

（五）科目分类：1. 学科：（1）成人常识讲话，（2）通俗知识学习，（3）名人传记讲话。2. 术科：（1）团体习惯之锻炼，（2）个别技术。（包括拳术讲演口令学习等）

## 二  邹平实验县青年义务教育实施大纲

（一）本县依据本大纲之规定，实施青年义务教育。

（二）青年义务教育，以启发民族意识，培养团体生活，陶冶服务精神，俾能参加本县实验工作，从事乡村建设为宗旨。

（三）凡居住本县年龄在十六岁以上已达三十岁之男子，无论曾否受过教育，均须受青年义务教育；但在学之学生，及现任教职员公务员不在此限。

（四）有下列情事之一者，得由乡学之许可，免受青年义务教育之一部或全部：

1. 身有废疾或体质羸弱者（但须经本县卫生院或分院证明）；

2. 于民国二十四年三月一日以后因事离县者。

（五）有下列情事之一者，应停止其青年义务教育，并由乡学转送本县成人教育特别班受训：

1. 有不良嗜好者；

2. 品行不端者。

（六）下列人员经乡学之许可，得入青年义务教育训练班：

1. 年龄未满十六岁及已逾三十岁之男子（但年龄不得低于十四岁及高于三十五岁）；

2. 因第三条但书之情形，免除其青年义务教育者；

3. 因第五条各款所列情形停受青年义务教育，其停受原因已不存在者。

（七）青年义务教育之实施期间，定为六个月，以民国二十四年三月一日至五月三十一日为第一期；民国二十四年十月二十日至民国二十五年一月二十日为第二期。

（八）青年义务教育之实施，以村为单位，并为村学或村立学校内容之一部，定名为某乡某村青年义务教育训练班。无村学或村立学校之村庄，应由乡学斟酌情形，归并于附近之村学或村立学校办理之。

（九）青年义务教育，以村学教员村立学校教员为教员，村组长副及联庄会训练员为军训教员及助教，乡理事辅导员乡队长为指导员，县督学为巡回指导员，于必要时，得增设专任巡回指导员。

（十）各村村理事村长，对于该村青年训练班负有事务及领导之责，并以村组长副及较优秀之联庄会员为该班班长，负指挥教导之责。

（十一）青年义务教育之课程纲要另定之。

（十二）青年义务教育之奖惩办法另定之。

（十三）各村应将训练概况，课程进度，呈报备查以资考核。

（十四）各村青年义务教育开办情形，应分别向各该乡学具报备案。

（十五）各村每项活动应以敲钟为号，受训青年均应依照规定地点，前往集合。

（十六）本大本纲如有未尽事宜，得随时提交县政地方会议议决修正之。

（十七）本大纲自呈报山东乡村建设研究院备案之日施行。

### 三　邹平实验县青年义务教育课程纲要

（一）本课程纲要，依据邹平实验县青年义务教育实施大纲第十一条之规定订定之。

（二）青年义务教育课程包括下列各项：

1. 国语（识字，应用文，演说竞赛等）

2. 音乐

3. 常识（自然科学，农业改良，及一切日常生活指导）

4. 军事训练

5. 国术（国术团体操及其他有关体育活动）

6. 公民（乡学村学须知，时事报告，社会问题讨论，精神陶练等。）

（三）每日上课，以一百八十分钟为限，以四十分钟为一节，共上课四节，上午七时以前上课二节，下午七时以后上课二节。

（四）每周教学科目分量分配如下：

1. 国语七节

2. 音乐二节

3. 常识三节

4. 军事训练七节

5. 国术七节

6. 公民二节

（五）各教育单位，如遇有特殊情形，不适用第三条所列上课时间分配及第四条所列科目分量分配时，得由指导员酌为变通，但每周上课时间，不得少于二十一节。

（六）各教育单位均应采用乡农的书、识字明理、小学各科教科书、乡学村学须知、县公报、大公报、山东民国日报、县政府的各种政令、乡村用的契约柬帖及其他适宜之读物。

（七）教学方法得采用导友制。导友制之种类如下：

1. 受训青年，凡初级小学毕业或具有同等学力者，均得为识字导友。

2. 受训青年凡于某专科有特长者，均得为专科导友。

3. 凡热心教导青年者，得由乡学聘之。

（八）每教育单位，均须斟酌受训人数多寡分为若干组，每组至多不得超过十人，指定一人为组长，负该组之完全责任，有劝导勉励组员及随时报告各组员之情形于教员或指导员之义务。

（九）本课程纲要如有未尽事宜得随时由县政府修正之。

### 四　邹平实验县青年义务教育奖惩办法

（一）本办法依据邹平实验县青年义务教育实施大纲第十二条之规定订定之。

（二）奖惩分名誉奖与物质奖二种。

（三）惩罚分训饬罚与劳役罚二种。

（四）有下列情事之一者应受奖励：

1. 在教育期间从未缺席一次者；

2. 每月从未缺席一次者；

3. 从未迟到或早退者；

4. 毕业成绩优良者；

5. 努力教导他人者；

6. 经指导员认为有特别成绩应予奖励者。

（五）有下列情事之一者应受惩罚：

1. 于青年义务教育开始时延迟报到或意图规避者；

2. 无故缺席者；

3. 每月请假至五次以上者；

4. 荒怠学业者；

5. 迟到或早退者；

6. 行为不端者；

7. 经指导员认为有特别过失应予惩罚者。

（六）奖励惩罚均由教员商承指导员决定；其执行办法如下：

1. 名誉奖由该管教育机关呈请乡学汇呈县政府下令褒奖之；

2. 物质奖由该管教育机关，呈请乡学授予之；

3. 训饬罚由指导员或教员执行之；

4. 劳役罚由该管教育机关呈请乡学汇呈县政府下令惩罚之。

（七）惩罚得因被罚者诚意改过指导员审核后暂缓执行；但如有重犯该项过失时，应加倍处罚。

（八）本办法如有未尽事宜，得随时由县政府修正之。

# 第五章　邹平自卫实验第三期之设施

二十四年七月至最近止

### 第一节　第一期会员抽调补习训练

警卫队于二十四年一月成立后，因未受训之村组长尚须继续召集，对于会员之抽调补习训练，乃暂停征调。至村组长训练完竣，乃于二十四年七月一日方开始抽调联庄会员来队训练，在前章第三节已略言之。抽调办法，因各乡会员人数不等，故以其会员人数之多寡为比例，计首善乡一名，第一乡二名，第二乡四名，第三乡二名，第四乡三名，第五乡二名，第六乡三名，第七乡四名，第八乡四名，第九乡二名，第十乡二名，第十一乡三名，第十二乡二名，第十三乡六名，共计为四十名。训练课程与村组长补习训练大致相同。但在其结业前，为增进学员之行军常识，野外演习，并熟悉本县边境形势计，全队学员整队作环县行军一次。费时五日，行军路线约三百里。每至县界地方，及山川古迹，形势要隘，一面作行军战争之演习，一面说明该处之历史及与本县治安之关系，并视察沿途灾民生活情况，得益良多。至十月三十日结业，除留成绩最优者数名充任班长外，即均遣回乡村，仍归乡村服务。

### 第二节　训练号令员（即第二期会员补习训练）

本县警卫队第一期抽调联庄会会员补习训练结业后，本应于廿四年十一月一日继续召集第二期会员受训，但以当时筹办第三届联庄会训练班之故，乃延缓一个月，至十二月一日始行召集。惟以适值第三届联庄会训练分乡办理，极感号令员之缺乏，更进而为民众训练，亦极应使之晓知号令号音，以备军事期间便利指挥，而关系防空时之应用尤为重要。因是即以第二期会员抽调补习训练改为训练号令员。计各乡按其区域大小及所属村庄多少，为较适当之配置，则全县需要之最低额，必得五十名方敷分配，故本期多训十名。各乡应选送人数，计首善乡一名，第一乡三名，第二乡四名，第三乡三名，第四乡三名，第五乡三名，第六乡三名，第七乡四名，第八乡五名，第九乡四名，第十乡四名，第十一乡三名，第十二乡三名，第十三乡七名。但学习号令号音，必须年青体健，气量宏足，方堪受训。如不能尽于会员中得之，此外凡具有相当资格者，亦得由乡学保送应试。考取后入队受训，每名发号一支，除学号外，学术科课程仍须兼习，惟以学号为主，占全时间十分之五，计学差事号十二种，阵事号五十种，排号三十种。至廿五年三月底结业。在结业前适值本县办理成人教育，曾放假十日，饬回本乡为各村成人班教授号令号音，轮流至各村教授，每村约授三次，学习集合号，紧急集合号及调号三种。结业后并规定应实习三个月，拟定号令员实习规则十二条（附后）。在实习期内，受各乡乡理事及乡队长之指挥监督，分区教授各村学校学生及民众学习号令号音。但号令员无论曾否受过本县联庄会训练者，应仍遵守本县联庄会会员组织及服务条例与联庄会员同。

**关系文件**

**邹平实验县号令员实习规则**

一、本县号令员训练结业后，应各回本乡，编入乡队，实习三个月，自本年四月一日起至六月底止。

二、号令员在实习期内应受乡理事及乡队长之指挥监督，分区教授各村学校学生及民众学习号令号音。

三、各乡号令员之实习区，各按本乡号令员之人数划分，有几乡即划分几区。

四、各乡号令员实习区之范围，各依本乡所属村庄之多少与距离之远近，由乡队长商承乡理事酌量规定之。

五、号令员在其实习区内，应轮流到各村教授，每日至少二村。至其次序及时间，由乡学通知各村庄长与村组长，商同号令员，酌量规定之。

六、教授各村号令号音之次序时间规定后，由村庄长负责通知本村小学学生及民众遵照，集合学习，并报告乡学随时考查。

七、号令员在实习期内，对于教授时间应切实遵守，不得无故他往，或任意停顿。如因事因病不能工作时，必须向乡学请假，并通知所属各村。但假期至多不得过三日；超过三日者呈报县政府核办。

八、号令员之实习工作，由乡学负责考查，呈报县政府酌量奖惩之。

九、号令员在实习期内，每人每月发给津贴洋二元。

十、号令员无论曾否受本县联庄会训练者，应仍遵守本县联庄会会员组织及服务规则与联庄会员同。

十一、本规则适用于号令员实习期内，实习期满后之服务规则另定之。

十二、本规则自公布之日施行。

## 第三节　第三届联庄会训练实行乡集合训练

本县联庄会训练，依照原定步骤，逐年于冬季农暇时办理县集合训练，已经两届；但为遵行不离开乡村训练之原则计，故于第二届已为乡集合训练之实验；其结果训练成绩可等于县集合训练，且足以资冬防而节经费，已于前章言之。然其优于县集合训练者，尤

## 第五章　邹平自卫实验第三期之设施

在使乡村农民及被征训之会员均得以见在乡训练之真象，更能深切了解自卫训练之意义，并以促进自卫组织。因是遂拟定第三届联庄会分乡训练暂行办法，提经第五十六次县政会议，暨第廿九次县地方会议议决。廿四年冬季第三届联庄会训练班即实行乡集合训练，分乡办理。但以全县十四乡，各自单独训练，所需人才及设备仍感不足，又本届训练人数仍系照第二届办法，拟抽此项训练经费之一半补充地方枪支，复按每闾征训一人之半数训练，应训会员仅五百八十六名，各乡人数单独编队训练，亦嫌过少，因改为以邻近之乡连合办理，合并为六处，编为六训练队。以首善乡及第四、第五等乡之受训会员编为第一训练队，会员九十二名，训练地址在首善乡，借用警卫队之房舍；第一、第二、第三等乡之受训会员编为第二训练队，会员一百二十八名，训练地址设第二乡之青阳店；第六、第七等乡之受训会员编为第三训练队，会员九十三名，训练地址设第六乡之小店；第八、第九、第十等乡之受训会员编为第四训练队，会员一百一十六名，训练地址设第九乡之辛梁镇；第十一、第十二等乡之受训会员编为第五训练队，会员七十名，训练地址设第十一乡之辉里庄；第十三乡之会员编为第六训练队，会员八十名，训练地址设花沟。合计会员为五百七十九名。

本届训练非仅取分乡训练之形式，而实际训练责任亦全委由各乡自行任之。乡村自卫本为乡村自身之事，应靠乡村自力办理，县政府只可居于统一指导监督之地位，故本届各训练队队长及队副统委任各乡乡理事充任之，以乡队长为军事教官，并择委一员为军事主任教官，辅导员及乡学教员为民事教官，亦择委一员为民事主任教官，训练任务完全付托与乡学主持，此为不同于前两届之一大改进也。但为统一指导监督，筹办训练经费及编订训练教材与课程进度计，仍设总部于县政府办理之。县长兼总队长，以县政府第二科科长暨警卫队队长兼任总队副，并设总务、教育两组，分管训练经费及教育事项，以第三第五两科科长兼任两组主任。至各训练队之各项规则，亦由总队部订定，分发各队遵行，学术课程与前两届均不致相同，惟以分乡训练，尚恐进度不齐，特举行两次总校阅，集中县城，以相观摩，而资鼓励。自廿四年十一月十四日召集训练，至廿五年一月十一日集中城内举行结业典礼，至十二日回乡，十三日各训练队一律结束，各乡会员即编入本乡乡队与前两届会员同样服务。

查本届征训会员全数为五百七十九名，但有因病因事未结业者四名（第二第四第五第六等队各一名），实得结业会员为五百七十五名，其教育程度，计能写日记者一百二十一人，识字而不能写日记者二百三十五人，不识字者一百七十九人。会员年龄亦较整齐，在未召集之前，预行一次点验，凡身体较弱或年龄过小过大者，即饬其村长另行选送；至召集之期，复由村长送至乡学，再由乡理事率至各训练队报到入队：此本届召集之手续也。

本届训练经费与前两届办法亦异。以前由各村筹付，会员自缴，极不整齐，影响训练颇大；本届则呈准省政府随田赋粮银代收，连同乡学经费，每丁银一两，附收八角五分，是为乡款，另设乡款委员会管理之。训练经费计收一万二千八百九十二元，以半数作添置枪械之用，而本届实支为六千四百六十五元，超过应支半数十九元，即由购枪费内补之。

**关系文件**

**一 邹平实验县第三届联庄会分乡训练暂行办法**

（一）本办法为本县第三届联庄会分乡训练订定之，凡未经本办法规定者，仍依前颁联庄会训练暂行办法及各乡学选送联庄会会员注意事项之规定办理。

（二）训练期限为两个月，自本年十一月十五日起，至二十五年一月十五日止。

（三）训练人数照二十三年度第二届训练办法，按全县所有间数一千一百七十二间每间选拔会员一人之半数，计应征训五百八十六名，即就上届选定而未中签之半数召集之。

（四）训练经费，依照本年度联庄会训练概算书之规定开支，所余之款援照上届成案，仍备作购置枪支，以补充地方自卫实力之用。

（五）各乡上届选定而未中签之半数会员，如有死亡、迁移、疾病、残废情事，须另选人递补，并由各乡学按照前颁选送会员注意事项之规定，详细造具名册，限期呈送县政府，以便派员分赴各乡召集考验，考验日期另定之。

（六）分乡训练，依训练员所住各乡地理上之关系，暂分编为六队训练。

1. 首善乡及第四、第五等乡之训练员编为第一训练队。训练地址设城内。

2. 第一、第二、第三等乡之训练员编为第二训练队。训练地址设青阳店。

3. 第六、第七等乡之训练员，编为第三训练队。训练地址设小店。

4. 第八、第九、第十等乡之训练员，编为第四训练队。训练地址设辛梁镇。

5. 第十一、第十二等乡之训练员，编为第五训练队。训练地址设辉里庄。

6. 第十三乡之训练员，编为第六训练队，训练地址设花沟。

（七）为统筹各队训练事宜，设总队部于县政府，总队长一人由县长兼任，总队副二人，由第二科科长及警卫队队长兼任，总教练一人，由警察队队长兼任，总务主任一人，由第三科科长兼任，教育主任一人，由第五科科长兼任，办事员若干人。

（八）各训练队设队长一人，副队长一人或二人，由乡理事兼任。军事主任教官一人，军事教官若干人。民事主任教官一人，民事教官若干人。办事员一人至三人，勤务兵一人，号兵一人，班长、伙夫各若干人。

（九）教官及职员由县政府就各机关人员中聘任或调充，一律为义务职。

（十）各队班长，由训练员中遴选之。

（十一）训练课程及作休管理规则，由总队部计划规定，其细目另定之。

（十二）本届训练经费，遵照二十四年度联庄会训练概算书之规定，由乡款经理委员会负责经理，其办法另定之。

（十三）各训练队应有设备事项，及训练员之伙食管理等，由总队部计划规定，令各队分别办理之。

（十四）训练员应各带被褥、鞋袜、单裤、褂、深蓝棉裤、饭碗、筷子等件，及本庄公有或私有之枪械一支，无快枪者可带来复枪。是项枪支，均归本庄庄长或乡村理事设法筹办。受训期满各自带还。

（十五）考验合格之训练员，统须在十一月十四日午前将随带物件备齐，集合于各该乡学，由乡理事即日率领至其所属各该训练队队部报到，如有届期不到意图躲避者，其本人及村间长均应受严重处罚。

（十六）各训练队训练员报到人数，统限于十一月十五日由队长用电话报告总队部，并造具点名册，听候总队长点验。

（十七）训练开始一月后，及训练期满时，各举行总校阅一次，其临近之队得随时定期举行会操，以资观摩。校阅及会操地址临时由总队部决定之。

（十八）训练员毕业后各回本村编入村组，与前两届之会员同等服务，统受各该乡乡队之管辖。

（十九）总队部及各训练队队部，于训练期满结束完毕后，即行撤销。其未尽事宜由县政府及各乡乡学办理之。

（二十）本办法自公布之日施行。

## 二　邹平实验县第三届联庄会训练管理规则

甲、值星值日规则

（一）各训练队（以下简称各队），每周设队值星官一员，协助队长执行本队各项事务，由军事教官轮流充任之。

（二）各队每日设值日班长一人，承队值星官之命令，执行本队勤务，由全队班长轮流之。

（三）各队每日设值日会员一人，承队值星官之命，辅助值日班长，执行勤务，由全队会员轮充之。

（四）每星期六晚饭后为队值星官交代时间，每日朝会后为值日班长及值日会员交代时间，凡未完之事务应确交接任者继续办理。

（五）队值星官，值日班长及值日会员，遇有特别事故须请假外出时，其值行职务均应托人代理，方可离职。

（六）队值星官之任务如下：

1. 应将本周办理事项及本队重大事件，逐日记入值星薄，并所有奉行命令及临时通告文件，须登载命令记录薄，于交代时送达军事主任教官转呈队长核阅。

2. 按时点名并检查内务。

3. 指导值日班长，值日会员，实行值日勤务，纠正会员过失，并处理临时发生非常事件。

（七）值日班长之任务如下：

1. 应将每日气候，晴、阴，上课上操人数，事假病假人数，各课教官姓名及所讲科目大意，逐项记入值日报告薄，于下自习时，呈缴队值星官转送军事主任教官校阅。

2. 领导值日会员实行值日勤务，并领导全队会员遵行一切规则。

3. 领发会员各种用品，讲义，及收缴，更换或修理等事项。

4. 传达命令及代达会员意见。

5. 点名、会食、上课、上操、及放假外出时应于指定地点，迅速率领整队，检查人数服装，报告教官或队值星官。

6. 放假日会员外出及回队时，代向队值星官领发收缴出门证。

7. 会员临时发生疾病或其他非常事项，应即报告队值星官处理。

8. 纠正劝导会员过失，如有违犯纪律越轨行为者，应具实报告队值星官，不得扶同隐匿。

（八）值日会员之任务如下：

1. 点名、会食、上课、上操时，应辅助值日班长在指定地点集合整队，检查人数服装及维持秩序。

2. 辅助值日班长领导会员实行讲堂及寝室规则。

（九）值星值日应备如下之册薄及物件：

1. 值星薄

2. 命令记录薄

3. 值日报告薄

4. 点名薄

5. 会员请假薄

6. 队值星官带，值日班长带，值日会员带

7. 队值星官牌，值日班长牌，值日会员牌

乙、会员应守一般规则。

（一）会员对于长官一切命令，应绝对服从，不准稍有抵抗。

（二）会员对于本所各规则，应诚意遵守，不得违犯。

（三）会员对于派定之勤务，应热心实行。

（四）会员对于学术科，不得无故缺席。

（五）会员有事须向长官队述时，应告由值日班长转呈，不得越级；即有不得已之事情，亦应请由值日班长转请，得长官允许后，始准经行当而报告。

（六）会员应励行平民化；凡讲堂寝室打扫，规定由会员分班于每日清晨施行一次；以外应由值日者维持扫除。

（七）会员对于本所教职各员，须行同等敬礼。

（八）会员起居日课等，除以号令传达外，有时亦补哨音。凡开号音（号兵黎明练习时除外）或哨音时，应速赴指定地点集合候令。

（九）会员对于下列禁条，应一律遵守。

1. 不准诋毁长官及同学。

2. 不准匿名揭贴。

3. 不准吸食烟酒。

4. 不准毁坏公物。

5. 不准于便所便桶外大小便。

6. 不准高声谈笑喧哗。

7. 不准赌博冶游。

8. 不准着便衣。

丙、讲堂规则。

（一）会员闻上课号令，应速赴集合地点集合。下课时应候教官退出，方得离位。

（二）教官入教室后，会员应遵值日会员立正口令，一齐立正致敬。闻坐下口令后，方准一齐坐下。教官授课毕，退出时亦同。

（三）在上课时，无论何人到课堂，会员非待教官发立正口令不得起立。

（四）会员在讲堂，应按规定名次就坐，不准擅自移换，并污损椅案。

（五）会员当听讲时，不准斜倚俯伏，交头接耳。

（六）会员上讲堂后，教官未到以前、不准任意谈笑。

（七）会员当听讲时，如有大小便或疾病等，必须离席时，应报告教官，得允许后，方准出位。

（八）会员当听讲时，不准阅本课程以外之书籍及其他报纸等类。

（九）会员当听讲时，如有疑难不解之处，应候教官讲毕，方准肃立质问,并不准涉及无关事项;如遇教官询问时,并应起立答毕,方得坐下。

(十)黑板、教授桌、墙壁、窗户等处,会员不得以粉笔涂污。

(十一)会员在讲堂,不准随意吐痰。

(十二)自习时,除遵守以上规则外,尤应注意保持静肃。

(十三)自习时,如有官长进来,应由值日会员或先见者发立正与坐下口令致敬,与教官上下讲堂时同。

(十四)自习时,亦由值日会员维持自修秩序;会员因故暂离位次,亦应告知值日会员。

丁、操场规则。

(一)教练及教授时,不准擅自言动;即在解散休息时,亦不得过于随便,放弛纪律。

(二)教练及教授时,如因疾病,亦应据实报告长官,得其允许,方可免操。

(三)操场一切器物,不准稍有任意污损。

(四)当上操时,会员非得教官立正口令,无须向他人行敬礼。

(五)收操后,由值日班长整队,率回指定地点后,方准散队。

戊、寝室规则。

(一)会员均应负寝室清洁整理之责。

(二)军械、被服、装具等物品,应遵照规定位置置放。

(三)会员闻起床号音起床后,应照式整理各物,由密室值日会员检查纠正之。

(四)会员闻点名号音,应速往指定地点集合,听候点名。

(五)会员除病假者外,非至就寝时,不准在床偃卧。

(六)起床后,各窗户应由值日会员开启,以换室气;就寝时方准关闭(暴风雨时亦准关闭)。

(七)密室内不准安置许可以外之物件。

## 第五章　邹平自卫实验第三期之设施

（八）非上课自脩及上下操卸装时，应锁寝室门。

（九）会员不得在寝室接待亲友。

（十）闭息灯号音后，应一律息灯就寝，不得谈笑喧哗，扰人睡眠。

己、膳堂规则。

（一）会员闻上膳堂号音，应速赴指定地点集合，随值日班长率领入膳堂。

（二）会员入膳堂后，应先脱帽再盛饭，候队值星官到，由值日班长发立正口令，敬礼毕，肃敬就坐。

（三）会员闻队值星官吹用膳哨音后，方准举箸就食；候一齐食毕，闻队值星官哨音后，方准鱼贯走散，不准拥挤喧闹。

（四）就食时，应肃立，不准谈话及故意敲击食器。

（五）就食时，如有饭菜未及进齐或未适宜时，不准擅自叫嚣，或毁碗箸，准许报告值日班长传催，或队值星官处置。

（六）会员不得在膳堂自备私菜，或擅令厨役添菜。

（七）会员除病假外，均应上膳堂会食，不准另食。

庚、请假规则。

（一）会员非有万不得已事故，不准请假，致旷学业。

（二）会员遇有亲丧大故，欲奔丧或扫省而请假者，必须呈出证据，由队值星官呈队长核示，以回队能否补习缺课为准。

（三）修业期内不准婚假。

（四）会员遇有紧急事故，须请短假暂行离队处理者，应报由队值星官查明事实转报队长核准后，领取准假证单，方准离队。回队时，仍应交回假单呈由队值星官转呈核销。

（五）会员患病，经医官诊治无效，顾请假外出就医者，应由医官查明理由及医生或医院，转报队长核准，并经通报队值星官知照后，方准外出就医。诊毕应即回队。如经医院诊断必须往院诊治时，应回队呈验医院证据，经队值星官转呈队长核准后，方准出外住院。惟其住院日期，仍应经查察其回队能否补习缺课为准。

（六）会员请假外出，非因疾病，有亲友呈出医生证明书及药方准其续请短少时间假期外，其他无论远近久暂，均应准时回队；倘有违犯，即按逾限之期间及缘由，分别处罚。

（七）会员满假回队后，应向同学询问有无新发命令；有则一律遵守。

（八）会员在请假期内所缺功课，回队必须补习。

辛、外出规则。

（一）每逢放假日或请假外出，须受服装检查，并遵照规定时间出入，不得违误。出入时刻，由值星官对众宣布之。

（二）非在假期而有要事须出外处理时，必须请假。

（三）会员出外时，如有物件持出，须经队值星官检查，并发给物品持出证；交卫兵检查后，方准携带出队。

（四）会员在外，如遇本队长官或同学时，应行礼致敬，与在队同。

（五）会员外出，应着本会制服，不准私易便服。

（六）会员外出，不准住不正当住处。

（七）会员外出，一切动作言语，务应端庄和平。

（八）受检束之会员，虽在放假期间，仍不准外出。

壬、物品保存之修理规则。

（一）凡贷与或发给会员之物品器具，应各认真保存。

（二）凡会员领取给与之物时，应检查其细部，若有破坏，应即报告请予更换或修理。至已领之物品，如有损失，应由本人照物购补，不再发给。

（三）武器等类，应随时拂拭，并不得轻于变更规定位置。衣服等类，务常自洗涤，如有破坏，速自补缀。

（四）会员因病入休养室，或因事离队时，其一切物品器具，应交存队部储藏室；回队后再行领用。

癸、会客规则。

（一）会员上操上课时，不准会客，并须遵守规定会客时间及会客室各规则。

（二）会员会客时，不准喧哗，不准留宿留餐。

（三）患病会员，如有亲友至休养室探望时，应先报经队值星官允许后，方准引其接见。

（四）受检束之会员，不准接见宾客；有要故时，必要报经队值星官许可后，方准接见。

### 三　邹平实验县第三届联庄会训练班生活时序表

邹平实验县第三届联庄会训练班第　训练队生活时序表

| 事项 | 时间 | 备考 |
| --- | --- | --- |
| 起床 | 六点 | |
| 跑步　朝会 | 六点十分——六点五十分 | |
| 整理内务 | 七点——七点三十分 | |
| 学科 | 七点四十分——八点四十分 | |
| 早餐 | 九点 | |
| 学科 | 九点三十分——十点三十分 | |
| 术科 | 十点四十分——一点十分 | |
| 学科 | 一点三十分——二点三十分 | |
| 晚餐 | 三点 | |
| 术科 | 三点三十分——四点三十分 | |
| 技术　娱乐 | 四点四十分——五点四十分 | |
| 学科 | 五点五十分——六点五十分 | |
| 自习　日记 | 七点——八点二十分 | |
| 分组讲话 | 八点三十分——九点 | |
| 点名 | 九点十分 | |
| 熄灯 | 九点三十分 | |

附记：1. 本表自二十四年十一月十五日施行。

2. 如遇风雨，术科改为学科。

3. 娱乐及分组讲话时间兼授唱歌。

4. 日记时间，不识字会员温习功课。

## 四　邹平实验县第三届联庄会训练班学科教育时间分配表

邹平实验县第三届联庄会训练班学科教育时间分配表

| 时间分配＼科目＼周次 | 乡村建设 | 精神讲话 | 自卫要义 | 会员须知 | 合作 | 史地 | 户籍 | 识字明理 | 常识 | 军事学 | 共计 |
|---|---|---|---|---|---|---|---|---|---|---|---|
| 各科分配时数 | 14 | 30 | 8 | 8 | 14 | 14 | 8 | 50 | 14 | 32 | 192 |
| 第一周 |  | 3 | 3 | 2 |  | 3 |  | 7 | 2 | 4 | 24 |
| 第二周 |  | 3 | 3 | 2 | 4 |  |  | 6 | 2 | 4 | 24 |
| 第三周 |  | 3 | 2 | 3 | 4 |  |  | 6 | 2 | 4 | 24 |
| 第四周 | 2 | 3 |  | 1 | 3 | 3 |  | 6 | 2 | 4 | 24 |
| 第五周 | 4 | 3 |  |  | 3 |  | 2 | 7 | 1 | 4 | 24 |
| 第六周 | 4 | 3 |  |  | 4 |  | 3 | 6 |  | 4 | 24 |
| 第七周 | 4 | 4 |  |  | 4 |  | 2 | 5 | 1 | 4 | 24 |
| 第八周 |  | 8 |  |  |  |  | 1 | 7 | 4 | 4 | 24 |

### 五　邹平实验县第三届联庄会训练班各周学科时间表

邹平实验县第三届联庄会训练班第 训练队第一周学科时间表自十一月十八日至十一月廿四日

|  | 星期<br>课目<br>时间 | 星期一 | 星期二 | 星期三 | 星期四 | 星期五 | 星期六 | 星期日 |
|---|---|---|---|---|---|---|---|---|
| 上午 | 自七点四十分至八点四十分 | 精神讲话 | 陆军礼节 | 精神讲话 | 识字明理 | 精神讲话 | 识字明理 |  |
|  | 教授 |  |  |  |  |  |  |  |
|  | 自九点三十分至十点三十分 | 内务规则 | 史地 | 会员须知 | 步兵操典 | 识字明理 | 陆军礼节 |  |
|  | 教授 |  |  |  |  |  |  |  |
| 下午 | 自一点三十分至二点三十分 | 会员须知 | 自卫要义 | 识字明理 | 自卫要义 | 常识 | 自卫要义 |  |
|  | 教授 |  |  |  |  |  |  |  |
|  | 自五点五十分至六点五十分 | 识字明理 | 识字明理 | 史地 | 常识 | 史地 | 识字明理 |  |
|  | 教授 |  |  |  |  |  |  |  |
|  | 自七点零分至八点二十分 | 自习日记 | 自习日记 | 自习日记 | 自习日记 | 自习日记 | 自习日记 |  |
|  | 教授 |  |  |  |  |  |  |  |
|  | 自点分至点分 |  |  |  |  |  |  |  |
|  | 教授 |  |  |  |  |  |  |  |

邹平实验县第三届联庄会训练班第 训练队第二周学科时间表自十一月二十五日至十二月一日

| | 星期<br>课目<br>时间 | 星期一 | 星期二 | 星期三 | 星期四 | 星期五 | 星期六 | 星期日 |
|---|---|---|---|---|---|---|---|---|
| 上午 | 自七点四十分至八点四十分 | 内务规则 | 步兵操典 | 精神讲话 | 识字明理 | 精神讲话 | 史地 | |
| | 教授 | | | | | | | |
| | 自九点三十分至十点三十分 | 精神讲话 | 史地 | 会员须知 | 步兵操典 | 识字明理 | 夜间教育 | |
| | 教授 | | | | | | | |
| 下午 | 自一点三十分至二点三十分 | 会员须知 | 自卫要义 | 识字明理 | 自卫要义 | 常识 | 自卫要义 | |
| | 教授 | | | | | | | |
| | 自五点五十分至六点五十分 | 识字明理 | 识字明理 | 史地 | 常识 | 史地 | 识字明理 | |
| | 教授 | | | | | | | |
| | 自七点零分至八点二十分 | 自习日记 | 自习日记 | 自习日记 | 自习日记 | 自习日记 | 自习日记 | |
| | 教授 | | | | | | | |
| | 自点分至点分 | | | | | | | |
| | 教授 | | | | | | | |

邹平实验县第三届联庄会训练班第　训练队第三周学科时间表自十二月二日至十二月八日

| 时间 \ 课目 \ 星期 | | 星期一 | 星期二 | 星期三 | 星期四 | 星期五 | 星期六 | 星期日 |
|---|---|---|---|---|---|---|---|---|
| 上午 | 自七点四十分至八点四十分 | 步兵操典 | 史地 | 精神讲话 | 识字明理 | 精神讲话 | 史地 | |
| | 教授 | | | | | | | |
| | 自九点三十分至十点三十分 | 精神讲话 | 步兵操典 | 会员须知 | 野外勤务 | 识字明理 | 防空常识 | |
| | 教授 | | | | | | | |
| 下午 | 自一点三十分至二点三十分 | 会员须知 | 自卫要义 | 识字明理 | 会员须知 | 常识 | 自卫要义 | |
| | 教授 | | | | | | | |
| | 自五点五十分至六点五十分 | 识字明理 | 识字明理 | 史地 | 常识 | 史地 | 识字明理 | |
| | 教授 | | | | | | | |
| | 自七点零分至八点二十分 | 自习日记 | 自习日记 | 自习日记 | 自习日记 | 自习日记 | 自习日记 | |
| | 教授 | | | | | | | |
| | 自点分至点分 | | | | | | | |
| | 教授 | | | | | | | |

邹平实验县第三届联庄会训练班第 训练队第四周学科时间表自十二月九日至十二月十五日

|  | 时间 \ 星期课目 | 星期一 | 星期二 | 星期三 | 星期四 | 星期五 | 星期六 | 星期日 |
|---|---|---|---|---|---|---|---|---|
| 上午 | 自七点四十分至八点四十分 | 合作 | 乡村建设 | 合作 | 步兵操典 | 合作 | 合作 |  |
|  | 教授 |  |  |  |  |  |  |  |
|  | 自九点三十分至十点三十分 | 精神讲话 | 合作 | 野外勤务 | 合作 | 合作 | 识字明理 |  |
|  | 教授 |  |  |  |  |  |  |  |
| 下午 | 自一点三十分至二点三十分 | 步兵操典 | 识字明理 | 合作 | 乡村建设 | 识字明理 | 合作 |  |
|  | 教授 |  |  |  |  |  |  |  |
|  | 自五点五十分至六点五十分 | 合作 | 合作 | 合作 | 合作 | 合作 | 夜间教育 |  |
|  | 教授 |  |  |  |  |  |  |  |
|  | 自七点零分至八点二十分 | 自习日记 | 自习日记 | 自习日记 | 自习日记 | 自习日记 | 自习日记 |  |
|  | 教授 |  |  |  |  |  |  |  |
|  | 自点分至点分 |  |  |  |  |  |  |  |
|  | 教授 |  |  |  |  |  |  |  |

邹平实验县第三届联庄会训练班第 训练队第五周学科时间表自十二月十六日至十二月二十二日

|  | 星期<br>课目<br>时间 | 星期一 | 星期二 | 星期三 | 星期四 | 星期五 | 星期六 | 星期日 |
|---|---|---|---|---|---|---|---|---|
| 上午 | 自七点四十分至八点四十分 | 乡村建设 | 精神讲话 | 史地 | 合作 | 识字明理 | 精神讲话 | |
|  | 教授 | | | | | | | |
|  | 自九点三十分至十点三十分 | 合作 | 步兵操典 | 会员须知 | 乡村建设 | 常识 | 防空常识 | |
|  | 教授 | | | | | | | |
| 下午 | 自一点三十分至二点三十分 | 识字明理 | 野外勤务 | 识字明理 | 史地 | 射击教范 | 常识 | |
|  | 教授 | | | | | | | |
|  | 自五点五十分至六点五十分 | 史地 | 识字明理 | 精神讲话 | 识字明理 | 合作 | 识字明理 | |
|  | 教授 | | | | | | | |
|  | 自七点零分至八点二十分 | 自习日记 | 自习日记 | 自习日记 | 自习日记 | 自习日记 | 自习日记 | |
|  | 教授 | | | | | | | |
|  | 自点分至点分 | | | | | | | |
|  | 教授 | | | | | | | |

邹平实验县第三届联庄会训练班第 训练队第六周学科时间表自十二月二十三日至十二月二十九日

| | 星期<br>课目<br>时间 | 星期一 | 星期二 | 星期三 | 星期四 | 星期五 | 星期六 | 星期日 |
|---|---|---|---|---|---|---|---|---|
| 上午 | 自七点四十分至八点四十分 | 合作 | 识字明理 | 户籍 | 精神讲话 | 乡村建设 | 精神讲话 | |
| | 教授 | | | | | | | |
| | 自九点三十分至十点三十分 | 精神讲话 | 常识 | 合作 | 野外勤务 | 识字明理 | 合作 | |
| | 教授 | | | | | | | |
| 下午 | 自一点三十分至二点三十分 | 识字明理 | 乡村建设 | 识字明理 | 乡村建设 | 户籍 | 野外勤务 | |
| | 教授 | | | | | | | |
| | 自五点五十分至六点五十分 | 乡村建设 | 识字明理 | 步兵操典 | 识字明理 | 射击教范 | 识字明理 | |
| | 教授 | | | | | | | |
| | 自七点零分至八点二十分 | 自习日记 | 自习日记 | 自习日记 | 自习日记 | 自习日记 | 自习日记 | |
| | 教授 | | | | | | | |
| | 自点分至点分 | | | | | | | |
| | 教授 | | | | | | | |

邹平实验县第三届联庄会训练班第 训练队第七周学科时间表自十二月三十日至一月五日

| | 星期<br>课目<br>时间 | 星期一 | 星期二 | 星期三 | 星期四 | 星期五 | 星期六 | 星期日 |
|---|---|---|---|---|---|---|---|---|
| 上午 | 自七点四十分至八点四十分 | 识字明理 | 精神讲话 | 乡村建设 | 乡村建设 | 精神讲话 | 识字明理 | |
| | 教授 | | | | | | | |
| | 自九点三十分至十点三十分 | 乡村建设 | 识字明理 | 合作 | 精神讲话 | 识字明理 | 步兵操典 | |
| | 教授 | | | | | | | |
| 下午 | 自一点三十分至二点三十分 | 陆军惩罚令 | 乡村建设 | 户籍 | 识字明理 | 合作 | 户籍 | |
| | 教授 | | | | | | | |
| | 自五点五十分至六点五十分 | 合作 | 野外勤务 | 识字明理 | 射击教范 | 户籍 | 合作 | |
| | 教授 | | | | | | | |
| | 自七点零分至八点二十分 | 自习日记 | 自习日记 | 自习日记 | 自习日记 | 自习日记 | 自习日记 | |
| | 教授 | | | | | | | |
| | 自点分至点分 | | | | | | | |
| | 教授 | | | | | | | |

邹平实验县第三届联庄会训练班第 训练队第八周学科时间表自二十五年一月六日至一月十二日

| | 星期<br>课目<br>时间 | 星期一 | 星期二 | 星期三 | 星期四 | 星期五 | 星期六 | 星期日 |
|---|---|---|---|---|---|---|---|---|
| 上午 | 自七点四十分至八点四十分 | 精神讲话 | 精神讲话 | 精神讲话 | 精神讲话 | 精神讲话 | 精神讲话 | |
| | 教授 | | | | | | | |
| | 自九点三十分至十点三十分 | 识字明理 | 识字明理 | 识字明理 | 识字明理 | 识字明理 | 识字明理 | |
| | 教授 | | | | | | | |
| 下午 | 自一点三十分至二点三十分 | 常识 | 常识 | 常识 | 常识 | 户籍 | 识字明理 | |
| | 教授 | | | | | | | |
| | 自五点五十分至六点五十分 | 精神讲话 | 步兵操典 | 射击教范 | 精神讲话 | 野外勤务 | 野外勤务 | |
| | 教授 | | | | | | | |
| | 自七点零分至八点二十分 | 自习日记 | 自习日记 | 自习日记 | 自习日记 | 自习日记 | 自习日记 | |
| | 教授 | | | | | | | |
| | 自点分至点分 | | | | | | | |
| | 教授 | | | | | | | |

## 六　邹平实验县第三届联庄会训练班术科教育时间分配表

邹平实验县第三届联庄会训练班术科教育时间分配表

| 时间分配\周次\科目 | 各个教练 | 伍教练 | 班教练 | 排教练 | 连教练 | 散兵教练 | 野外演习 | 射击实习 | 着装法 |
|---|---|---|---|---|---|---|---|---|---|
| 全期分配时间 | 91.30 | 5 | 35 | 10 | 19.30 | 2 | 14 | 3.30 | 1 |
| 第一周 | 21 | | | | | | | | |
| 第二周 | 20 | | | | | | | | 1 |
| 第三周 | 15 | 5 | | | | | 1 | | |
| 第四周 | 20 | | | | | | 1 | | |
| 第五周 | 15.30 | | 14.30 | | | | 1 | | |
| 第六周 | | | 11 | 6 | | 2 | 2 | | |
| 第七周 | | | 10 | 3 | 12 | | 1 | | |
| 第八周 | | | | 1 | 7.30 | | 8 | 3.30 | |

## 七 邹平实验县第三届联庄会训练班各周术科教育进度预定表

邹平实验县第三届联庄会训练班第一周术科教育进度预定表

| 时间别 | 星期\课目 | 1 | 2 | 3 | 4 | 5 | 6 | 日 | 附记 |
|---|---|---|---|---|---|---|---|---|---|
| 上午 十时四十分至十一时十分 | 课目 | 各个教练 | 各个教练 | 各个教练 | 各个教练 | 各个教练 | 各个教练 | 清洁检查 | 一、本表自二十四年十一月十八日施行 二、如遇风雨术科改为学科 三、每遇出操前严格检查服装表 四、本周为徒手教练 |
| | 进度 | 1. 立正姿势 2. 稍息姿势 3. 一列横队靠拢法及散集合 | 1. 立正 2. 稍息 3. 自然行进 | 1. 立正稍息 2. 向左右转法 3. 自然行进及停止 | 1. 立正稍息 2. 向左右转法 3. 自然行进及停止 | 1. 慢步走 2. 向后转法 | 1. 慢步走 2. 行进间向后转法 | | |
| | 时间分配 | 40 40 40 | 30 30 1.00 | 30 40 50 | 30 40 50 | 1.00 1.00 | 1.00 1.00 | | |
| | 着眼点 | 1. 足之靠拢法及眼与号 2. 稍息时不得任意行动乱床 3. 静肃不素迅速敏话 | 1. 两膝伸直及腰之平落法 2. 未经许可不准谈话吐疲以养成纯洁之习惯 3. 足尖向下腿伸直着地一步之长须起八十生的 | 1. 上体姿势及两臂与掌为主其角度须力求正确 2. 以足之动作力求正确 3. 眼向前平视臂前后摆平挺直 | 1. 头颈之姿势及上体须力求保持正确方向 2. 足部须力求正确 3. 足手力求一致敏活泼 | 1. 足之提起及着地勿使过近过远引后引之方法须正确 2. 右足之后引及使过近过远须正确 | 1. 著地要用腰力伸直上体眼上 2. 闻立定口令再使足尖左回转半步须两手仅贴大背 | | |

续表

| 星期\课目\午时\时间 | 1 | 2 | 3 | 4 | 5 | 6 | 日 | 附记 |
|---|---|---|---|---|---|---|---|---|
| 课目 | 各个教练 | 各个教练 | 各个教练 | 各个教练 | 各个教练 | 各个教练 | | |
| 进度 | 复习 | 1. 室外之敬礼 | 1. 室外之敬礼 | 复习 | 复习 | 1. 行进间向后转法 2. 路遇官长之敬礼 | | |
| 时间分配 | 50 | 50 | 50 | 50 | 50 | 20　30 | | |
| 下午 三时三十分至四时三十分 着眼点 | | 1. 相距六步直定应行受礼注目礼并系官长迎接如一面行进一面举手注目礼 | 1. 举手注目礼须臂与肩同高食指中指贴帽檐成三角形要目视正端表示诚敬之意 | | 1. 上体之保持转之方向要正确 2. 足跟用力回收腿须速足之方向要正确 | 1. 上体之保持法。 2. 相距人仍步停止遵于右目迎举手目送官长过去即行停止 | 游戏 | |

邹平实验县第三届联庄会训练班第　训练队第二周术科教育进度预定表

| 星期\课目\午时\别\时间 | 1 | 2 | 3 | 4 | 5 | 6 | 附记 |
|---|---|---|---|---|---|---|---|
| 课目 | 各个教练 | 各个教练 | 各个教练 | 各个教练 | 各个教练 | 各个教练 | 一、本表自二十四年十一月二十五日施行 二、如遇风雨改为学科 三、每于出操前须严格检查服装 |
| 进度 | 1. 正步行进 2. 常步行进 | 1. 正步行进之立定 2. 原地转法 | 1. 正常步之向后转走 2. 跑步行进 | 1. 跑步行进 | 1. 跑步行进之立定 2. 跑步行进之换步法 | 1. 行进间及停止间各种转法 | |
| 分配时间 | 1.00 1.00 | 1.30 30 | 1.00 1.00 | 2.00 | 1.00 1.00 | 2.00 | 细密检查 |
| 着眼点（上午 十时四十分至十一时四十分） | 1. 上体姿势须保持端正严肃 用力要自然活泼 2. 步长步速应与正步同足着地时不可过于用力 | 1. 目须向前平视立定后上体不准倾前倾腿须伸直 2. 姿势要端正方向要正确 | 1. 转时姿势要端正上体不得前倾腿须伸直 2. 转移体重之要领臂之位置及运动 | 1. 用腰之推进力腿之弹力并须活泼自然而能持久 | 1. 闻动令继续前进两步再以左足用力着地即行复立正姿势 2. 前进两步之后行之 | 1. 姿势要稳固方向须正确动作须敏活 | |

第五章　邹平自卫实验第三期之设施　105

续表

| 星期<br>午时<br>别间 | 课目 | 1 | 2 | 3 | 4 | 5 | 6 | 日 | 附记 |
|---|---|---|---|---|---|---|---|---|---|
| 下午<br>三时三十分至四时三十分 | 课目 | 各个教练 | 各个教练 | 各个教练 | 各个教练 | 各个教练 | 着装法 | 游戏（或行军） | 四、本周仿为徒手教练<br>五、本周内作夜间警急集合一（或两）次<br>六、日期时间由各队长酌定，所订课目作完时集合复习 |
| | 进度 | 正步行进 | 1. 卫兵之敬礼<br>2. 室内之敬礼 | 复习 | 复习 | 复习 | | | |
| | 时间分配 | 50 | 30　30 | 50 | 50 | 50 | 50 | | |
| | 着眼点 | 须具勇往迈进之气概 | 1. 持枪时护枪徒手时举手均应目迎目送<br>2. 先在室内敬礼时上体前倾十五度并目注受礼官长 | | | | 要秩序不紊乱静肃而敏捷 | | |

邹平实验县第三届联庄会训练班第二训练队第三周术科教育进度预定表

| 星期\午时\时间\课目 | 1 | 2 | 3 | 4 | 5 | 6 | 日 | 附记 |
|---|---|---|---|---|---|---|---|---|
| 上午 十时四十分至十二时十分 | | | | | | | | |
| 课目 | 各个教练 | 各个教练 | 各个教练 | 各个教练 | 伍教练 | 伍教练 | 武器检查 | 一、本表自二十四年十二月二日施行 二、手教练在本周内完成各种姿势动作完毕作成教练之基础 |
| 进度 | 1. 复习正常步 2. 立定 | 1. 正步换常步 2. 跑步换正步 | 1. 跪下 2. 立起 | 1. 伏下 2. 立起 | 1. 复习立正稍息 2. 各种步法之变换 | 1. 复习本周课目 | | |
| 时间分配 | 1.00 1.00 | 1.00 1.00 | 1.00 1.00 | 1.00 1.00 | 1.30 30 | 2.00 | | |
| 着眼点 | 1. 行进方向须对准眼须平视上体须稳固步与正步同一要领务求自然活泼 2. 左足向前大半步右足靠地勿使上体摇动 | 1. 须保持正步步长步速照常行进 2. 前进两步后换正步前进两步肘随即放下摆动 | 1. 须取低小之姿势动作迅速确实以达密匿之目的 2. 起身须快恢复立正姿势 | 1. 先跪右膝左膝继之再以左肘着地全身伏下务求自然 2. 先曲右腿同时左手按地上身挺起恢复立正姿势 | 1. 立正要严肃端正而自然息出足迅速牵动上体 2. 要领同前 | 参照各栏 | | |

# 第五章　邹平自卫实验第三期之设施

续表

| 星期<br>课时<br>午别时间 | 1 | 2 | 3 | 4 | 5 | 6 | 日　附记 |
|---|---|---|---|---|---|---|---|
| 课目 | 各个教练 | 各个教练 | 各个教练 | 各个教练 | 各个教练 | 野外演习 | 三、本周仍为徒手教练<br>四、如遇风雨术科改为学科<br>五、每日自习时间军事教官研究次日术课目时课间口令动作要务一律 |
| 下午<br>三时三十分至四时三十分<br>进度 | 1. 复习向左（右）转走<br>2. 复习向后转走 | 1. 复习跑步<br>2. 各种步法之变换 | 复习 | 1. 复习跪下及立起<br>2. 复习伏下及立起 | 1. 行进间各种转法<br>2. 斜行进 | 1. 旅次行军<br>2. 地形识别 | |
| 时间分配 | 30　20 | 20　30 | 50 | 25　25 | 30　20 | 50 | |
| 着眼点 | 1. 务与新方向成九十度前进两手不得离开股际<br>2. 以两足尖为轴向后旋转一百八十度后照正确方向直前进 | 1. 是否以足掌着地腰关节之推进力足关节之弹拨力重足移之迅速应切实注意<br>2. 要领同前 | 同前 | 1. 两眼仍注视前方着地之部分须坚定而能持久<br>2. 要领同前 | 1. 要领同前<br>2. 方向须对正目标步度仿照常行进 | | |

邹平实验县第三届联庄会训练班第 训练队第四周术科教育进度预定表

| 星期<br>课目<br>午时 | 别<br>目 | 1 | 2 | 3 | 4 | 5 | 6 | 日 | 附记 |
|---|---|---|---|---|---|---|---|---|---|
| 上午十时四十分至十一时十分 | 课目 | 各个教练 | 各个教练 | 各个教练 | 各个教练 | 各个教练 | 各个教练 | 武器检查 | 一、本表自十二月九日施行 二、未经实施之课目下次仍得补习 三、如遇风雪木科改为学科 |
| | 进度 | 1. 立正及稍息<br>2. 托枪及枪放下 | 1. 持枪行进<br>2. 原地向左（右）转<br>3. 托枪及枪放下 | 复习前两日课目 | 1. 装退子弹<br>2. 托枪正步行进及常步行进 | 1. 持枪跑步行进<br>2. 托枪行进间正步跑步之互换 | 复习本周课目 | | |
| | 时间分配 | 30 1.30 | 40 40 40 | 2.00 | 30 1.30 | 30 1.30 | 2.00 | | |
| | 着眼点 | 1. 右手持枪枪口约离右臂一拳许托枪后置于右足尖旁眼张开向前平视<br>2. 以两臂切实操作头部不得动摇枪托枪肩上不可偏斜 | 1. 右手将枪提起托枪身不得摆动步长步速要合规定<br>2. 小指支抵枪身转时枪身不得摆动<br>3. 动作要确实迅速姿势要正 | 同前 | 1. 注意枪身之倾度及枪口不得摇动<br>2. 须具有勇往迈进之气概 | 1. 右手确实握枪左手握刀鞘（或抱拳）<br>2. 步长步速要按操典规定随步度之变换而异其姿势 | 参照各栏 | | |

续表

| 星期 课时 午时 别间 | 课目 进度 时间分配 着眼点 | 1 | 2 | 3 | 4 | 5 | 6 | 日 | 附记 |
|---|---|---|---|---|---|---|---|---|---|
| 下午 三时三十分至四时三十分 | 课目 | 各个教练 | 各个教练 | 各个教练 | 各个教练 | 各个教练 | 野外演习 | 旅行 | 四、每日自习时间军事教官研究次日课目口令动作务求一律 五、各队可酌地方情形而施行夜间放哨 |
| | 进度 | 1. 托枪及枪放下 2. 原地向左（右）转 | 1. 持枪行进 2. 原地各种转法 | 1. 托枪及枪放下 2. 装退子弹 | 1. 托枪跑步行进 2. 立定及向后转走 | 1. 各种步度之互换 2. 行进间各种转法 | 测量距离 | | |
| | 时间分配 | 30 30 | 30 30 | 30 30 | 30 30 | 30 30 | 1.00 | | |
| | 着眼点 | 1. 动作实际节段分明勿故意敲拍枪身及托地板击地作响 2. 右手将枪微提前紧贴腰际按领徒手转法要领再轻置枪于地 | 1. 两眼向前平视对正目标行进 2. 右手确实提枪旋转时两膝挺直方向要正确右肩不得耸起 | 1. 同前 2. 按分解动作切实操作要领握枪手左手点紧 | 1. 闻跑步预令即托枪左手握刺刀鞘右肘紧贴胁上体保持端正 2. 闻动令后再行前进立定将枪放下令闻动步走两足向后旋动转再以左足向前半步从左足出 | 1. 上体要保持端正枪身不得摇动 2. 方向正确姿势稳固而敏活 | 1. 先用绳测树一标记再用目测及步测而判别之 | | |

邹平实验县第三届联庄会训练班第 训练队第五周术科教育进度预定表

| 星期\课目 | 1 | 2 | 3 | 4 | 5 | 6 | 日 | 附记 |
|---|---|---|---|---|---|---|---|---|
| 课目 | 各个教练 | 各个教练 | 各个教练 | 班教练 | 班教练 | 班教练 | 清洁检查 | 一、本表自十二月六日施行 二、第一次操练时间先行跑步十五分钟 |
| 进度 | 1. 立射 2. 各种步度之互换 | 1. 装退子弹及托枪枪放下 2. 立射跪射姿势 | 1. 行进蹈胸走 2. 正步行进中方向变换及跪下 | 1. 班之编成 2. 整齐 3. 解散集合 | 1. 各种步度之变换 2. 各种射击姿势 | 1. 各种转法 2. 原地队形方向变换 | | |
| 时间分配 | 40 1.20 | 50 1.10 | 30 1.30 | 30 20 1.10 | 1.10 50 | 30 1.30 | | |
| 着眼点 | 1. 两足离开之度与肩同宽左手托枪直点两膝挺直口要高注视与右眼同目标 2. 要领同前 | 1. 要领同前 握枪把右手紧中指伸在护圈内直托鼻在右乳下方跪射姿势要平着目标与右足角成直 | 1. 不准向前移动 2. 上体保持立正姿势变换方向要迅速正确要确实右足立臂部坐于右足跟上 | 1. 按身材高低排定指挥基准兵 2. 要求迅速脚跟部放下胸部均在一线上 3. 迅速静肃而有秩序 | 1. 不可因变换步度而改变面整齐 2. 同前 | 1. 同前 2. 变换队形由新捷径上挨兵次到宜在整后方迅停止稍齐之速看齐逐次转头 | | |

上午 十时四十分至十一时十分

续表

| 星期\午时 | | 1 | 2 | 3 | 4 | 5 | 6 | 日 | 附记 |
|---|---|---|---|---|---|---|---|---|---|
| 课目 | | 各个教练 | 各个教练 | 各个教练 | 班教练 | 班教练 | 野外演习 | | 三、每次出操前切实检查服装 四、本周末完课目下次依补习之 |
| 进度 | | 1. 跪射 2. 行进间跪射 | 1. 伏射 2. 行进 | 1. 立跪伏射姿势 2. 跑步行进间跪下 | 复习 | 据枪瞄准射击 | 利用地形地物 | | |
| 时间分配 | | 30 30 | 30 30 | 30 30 | | 1.00 | | | |
| 着眼点 | 下午 三时三十分至四时三十分 | 1. 须对正所示目标足须与左股上上体挺直注视前方一线 2. 同前 | 1. 除按照操典要求外须注意左手伸出地上时手指竭力向内左肘要用力向前身体对射击方向成三十度之斜度伏地头昂起支视目标 2. 同前 | 1. 同前 2. 立定确实后跪下再跪下枪放地作着时不响左手拳心向上 | | 左手托枪之重点右手紧握枪把食指指第二节之末端扣板机 | | | |

## 邹平实验县第三届联庄会训练班第　训练队第六周术科教育进度预定表

| 星期\课目 | 1 | 2 | 3 | 4 | 5 | 6 | 日 | 附记 |
|---|---|---|---|---|---|---|---|---|
| 课目 | 班教练 | 班教练 | 班教练 | 班教练 | 排教练 | 排教练 | 武器检查 | （1）本表自十二月二十三日起施行（2）野外娱乐技术时间在风雪时改为学科 |
| 进度 | 1. 直行进 2. 行进间队形之变换 | 1. 行进间之各种转法 2. 行进间方向之变换 | 行进间之跪下及伏下 | 复习以上科目 | 1. 排之编成 2. 整齐 3. 原地转法 4. 直行进 | 1. 停止间方向队形之变换 2. 行进间队形方向之变换 | | |
| 着眼点 | 1. 要有团结之精神勇往迈进之气概 2. 各种队形变换务求活泼迅速 | 1. 旋转务须具有协调速整齐一致动作同一精神新方向求正确 2. 新方向务应保持连系整齐迅速 | 迅速确实 | | 1. 排当编成时须考虑班之战斗力 2. 修正两翼向导间隔方向要确实 3. 迅速确实 4. 排面之保持整齐向导对正目标 | 1. 新方向要正确间隔勿过大或过小 2. 动作敏捷进路务求捷径 | | |

时间分配：上午 十时四十分至十一时十分

续表

| 星期\课目\午时 | 1 | 2 | 3 | 4 | 5 | 6 | 附记 |
|---|---|---|---|---|---|---|---|
| | | | | | | | 日 |
| 课目 | 班散兵 | 班散兵 | 班教练 | 野外 | 排教练 | 野外演习 | |
| 进度 | 停止同一列横队之散兵 | 停止同一行纵队之散兵 | 1. 小角度变换方向<br>2. 斜行进 | 行进间各个利用地物法 | 1. 各种射击姿势<br>2. 行进间各种步度之变换 | 侦探出发时之动作 | |
| 时间分配 | 下午 三时三十分至四时三十分 | | | | | | |
| 着眼点 | 注意间隔 | 同前 | 1. 要对正所示之目标<br>2. 各兵肩之连系 | | 1. 目标指定要正确各兵动作要迅速<br>2. 步调要整齐步长步速须合规定 | | |

邹平实验县第三届联庄会训练班第　训练队第七周术科教育进度预定表

| 时间 | 星期\课目 | 1 | 2 | 3 | 4 | 5 | 6 | 日 | 附记 |
|---|---|---|---|---|---|---|---|---|---|
| 上午 十时四十分至十二时十分 | 课目 | 班教练 | 班教练 | 班教练 | 班教练 | 连教练 | 连教练 | 清洁检查 | 一、本表自三月二十日施行 二、未进行之各种课目由各队酌情形授之 |
| | 进度 | 1.班之散兵散开之方法并行进及停止射击冲锋 2.本齐地之散兵诸运动 | 1.无射击目的及有射击目的之散兵运动 2.散兵区分之跃进 | 1.第一线之班于远距离之战斗前进 2.第二线之班于中近距离之战斗前进 | 复习 | 1.直行进 2.停止间进行间方向之变换 | 疏开 | | |
| | 时间分配 | 1.20　40 | 1.00　1.00 | 1.00　1.00 | 2.00 | 40　1.20 | 2.00 | | |
| | 着眼点 | 1.各种散开须散兵顺序勿得混杂散兵之间隔及左右之连系适当指挥官须先以率之勇敢之动作以备动之气概激动之 2.步度要适应地形敌情之状况 | 1.散兵无射击目的之主要在地形之利用以减少损害有射击目的之主要在发扬枪火次蔽身体 2.区分前进时机区分二部前进之动作及其掩护 | 1.队形之选择地形之利用用敌炮兵火线通过法 2.班散开后之前进班指示目标指示了解区分跃进 | 1.复习以上各科目之不娴熟者要领各参照各栏 | 1.须保持行进方向之正确要有勇在迈进之气概 2.方向保持正确间隔距离守规干部须确正之位置 | 基准排之方向位置各排之是否有隔距离对敌观念及思想 | | |

## 续表

| 星期\课目\午时\别时间 | 1 | 2 | 3 | 4 | 5 | 6 | 日 | 附记 |
|---|---|---|---|---|---|---|---|---|
| 课目 | 排教练 | 排教练 | 排教练 | 连教练 | 连教练 | 野外 | | |
| 进度 | 疏开 | 1. 火线构成<br>2. 改击前进 | 1. 冲锋准备<br>2. 冲锋实施 | 1. 连之编成<br>2. 整齐及停止间转法 | 1. 行进间各种步法之互换 | 向敌行进之步兵排之侦探搜索各种地形法 | 实弹射击 | 三、各队子同时多习夜间演习<br>四、遇风雨术科改为学科 |
| 时间分配 | 1.00 | 40 20 | 30 30 | 30 30 | 1.00 | 2.00 | | |
| 着眼点（下午 三时三十分至四时三十分） | 1. 动作迅速敏活肃静班之距离间隔及目标之正确否 | 1. 火线构成之时机援队与火线之距离目标示指挥及指示火线之兵力射击目标之指挥<br>2. 运动射击由排长统筹指挥运动与射击之协同利用时机接近敌人 | 1. 冲锋路之开合冲锋之部署<br>2. 冲锋之改地障碍物之通过在敌前地内之行动 | 1. 按各身体之高低分配于各排又注意排班之战斗力余均按操典之规定而行<br>2. 各排先头班长须确保人步之距离列兵须正规前后对正保持正距动作迅速 | 要领同前 | 敌情及方法详细说明然后动作 | | |

## 邹平实验县第三届联庄会训练班第　训练队第八周术科教育进度预定表

| 星期午时\课目别时间 | | 1 | 2 | 3 | 4 | 5 | 6 | 日 | 附记 |
|---|---|---|---|---|---|---|---|---|---|
| 上午 十时四十分至十一时十分 | 课目 | 连教练 | 连教练 | 野外演习 | 野外演习 | 架上瞄准 | 连教练 | 考试结业典礼 | 一、本表自元月六日实行 二、下午技术娱乐时间 第二次第三期五期快枪实弹射击及瞄三角由各队酌定之 |
| | 进度 | 1. 整齐 2. 停止间转法及队形方向之变换 | 1. 连疏开 2. 连展开 | 前卫尖兵 | 排哨配备 | 瞄三角 | 复习 | | |
| | 时间分配 | 30　1.30 | 1.00　1.00 | 2.00 | 2.00 | | 2.00 | | |
| | 着眼点 | 1. 同前 2. 同前 | 1. 迅速肃静而有秩序 2. 区分兵力合情况口述命令要清晰流利 | 代理尖兵长之动作尖兵长遇敌之处置及向后方报告法 | 由前排哨连派出者排哨命令之下达代理排哨长之处置特别授予守则之 | | | | |

第五章　邹平自卫实验第三期之设施　117

续表

| 星期<br>课时 | 1 | 2 | 3 | 4 | 5 | 6 | 附记 |
|---|---|---|---|---|---|---|---|
| 课目 | 排教练 | 野外演习 | 野外演习 | 野外演习 | 实弹射击 | | 四、夜间警急集合及静肃行军本周最少要作两次<br>五、星期六下午六时到一律准备考试<br>六、试课目另定之 |
| 进度 | 1. 排之疏开<br>2. 排之火线构成<br>3. 排之运动及射击 | 前卫尖兵 | 排哨配备 | 1. 排对抗<br>2. 连对抗 | | | |
| 时间分配<br>下午 三时三十分至四时三十分 | 40　40　40 | 2.00 | 2.00 | 1.00　1.00 | | | |
| 着眼点 | 1. 疏开后各班之队形及距离同前<br>2. 同前<br>3. 地物之利用前进时机及射击之交叉破要令 | 尖兵命令之下与搜索派遣之后方部队之连络法 | 排哨长命令之下达及地形之侦察步哨之派遣 | 1. 尖兵兵长遇敌时要先发制人切勿抗豫不决（火线构成之时机）<br>2. 连长尖兵出发之命令尖兵通过各种地形法及展开之时机及冲锋之部署 | | | |

## 八　邹平实验县第三届联庄会训练班值日报告簿

| 邹平实验县第三届联庄会训练班第　训练队值日报告簿 ||||||||
|---|---|---|---|---|---|---|---|
| 值日班长 | | 月日 | | 星期 | | 天候 | |
| 值日会员 | | ^ | | ^ | | ^ | |
| 课别＼项目 | 科别 | 教官 | 讲授大意 | 上课会员 | | 事假 | 病假 |
| 第一课 | | | | | | | |
| 第二课 | | | | | | | |
| 第三课 | | | | | | | |
| 第四课 | | | | | | | |
| 第五课 | | | | | | | |
| 第六课 | | | | | | | |
| 第七课 | | | | | | | |
| 第八课 | | | | | | | |
| 附记 | 核阅 | 值星官 | | 主任教官 | | 队长 | |

## 九　邹平实验县第三届联庄会训练班值星簿

| 邹平实验县第三届联庄会训练班第　训练队值星簿 ||
|---|---|
| 月日 | |
| 天气 | |
| 星期 | |
| 学科 | |
| 术科 | |
| 命令 | |
| 口令 | |
| 赏罚 | |
| 人事 | |
| 值星官 ||

## 十　邹平实验县第三届联庄会训练班结业学科考试成绩表

邹平实验县第三届联庄会训练班结业学科考试成绩表

| 队别 | | 第一训练队 | 第二训练队 | 第三训练队 | 第四训练队 | 第五训练队 | 第六训练队 |
|---|---|---|---|---|---|---|---|
| 能写日记会员 | 应到数 | 30 | 22 | 28 | 43 | 20 | 18 |
| | 抽考数 | 15 | 10 | 14 | 20 | 10 | 9 |
| | 平均分数 | 89 | 78.2 | 90.71 | 72.72 | 69.1 | 97.1 |
| 识字不能写日记会员 | 应到数 | 30 | 63 | 38 | 47 | 23 | 34 |
| | 抽考数 | 3 | 6 | 4 | 4 | 7 | 4 |
| | 平均分数 | 58.33 | 58.16 | 61 | 58.25 | 41.28 | 90.25 |
| 不识字会员 | 应到数 | 32 | 43 | 27 | 26 | 27 | 28 |
| | 抽考数 | 3 | 4 | 3 | 4 | 7 | 3 |
| | 平均分数 | 46 | 57.5 | 61.33 | 37 | 36.57 | 68.33 |
| 总平均分数 | | 64.44 | 64.6 | 71.01 | 55.99 | 48.98 | 85.22 |
| 备考 | | | | | | | |

## 十一　邹平实验县第三届联庄会训练班结业术科考试成绩表

| | 课目分数队别 | 制式教练 | | | | | | | | 总分 | 平均分 | 备考 |
|---|---|---|---|---|---|---|---|---|---|---|---|---|
| | | 教练 | | | | | | | | | | |
| | | 整齐 | 转法 | 枪法 | 停止间队形方向变换 | 步法 | 唱歌 | 疏开 | 火线构成 | 冲锋 | | | |
| 邹平实验县第三届联庄会训练班结业术科考试成绩表 | 第一训练队 | 8 | 8.5 | 9 | 9 | 8.5 | 10 | 9.5 | 18 | 9 | 89.5 | | |
| | 第二训练队 | 8 | 8.5 | 8.5 | 8 | 8.5 | 9 | 6.5 | 12 | 6 | 75 | | |
| | 第三训练队 | 7.5 | 8 | 8 | 8.5 | 8 | 8.5 | 15 | 10 | | 78 | | |
| | 第四训练队 | 9 | 8.5 | 9 | 9.5 | 9 | 10 | 8.5 | 17 | 9.5 | 91 | | |
| | 第五训练队 | 8 | 8 | 8 | 7.5 | 9 | 8 | 15 | 9 | | 81.5 | | |
| | 第六训练队 | 10 | 9 | 9 | 9 | 9.8 | 9 | 9 | 16 | 9 | 93.8 | | |

## 十二　邹平实验县第三届联庄会训练班总队部服务人员一览表

邹平实验县第三届联庄会训练班总队部服务人员一览表

| 职别 | 姓名 | 职掌 | 备考 |
|---|---|---|---|
| 总队长 | 徐树人 | 主管全县联庄会训练事宜 | 兼任 |
| 总队副 | 龚玉贤 | 辅助总队长办理一切训练事宜 | 同上 |
| 总队副 | 窦瑞生 | 同上 | 同上 |
| 总务主任 | 郝宝书 | 承总队长之命掌理训练经费及一切总务事宜 | 同上 |
| 教育主任 | 宋乐颜 | 承总队长之命掌理一切教育事宜 | 同上 |
| 总教练 | 谢绍周 | 承总队长之命总管军事教练事宜 | 同上 |
| 民事总教官 | 公竹川 | 承总队长之命总管民事教材事宜 | 同上 |
| 总医官 | 李玉仁 | 承总队长之命掌理一切医药卫生事宜 | 同上 |
| 医官 | 宫乃泉 | 秉承总医官掌理医药卫生事宜 | 同上 |
| 医官 | 任秉征 | 同上 | 同上 |
| 教材编辑 | 秦亦文 | 辅助民事总教官编辑民事教材 | 同上 |
|  | 王流柱 | 同上 | 同上 |
|  | 涂家英 | 同上 | 同上 |
|  | 常泰和 | 同上 | 同上 |
|  | 齐恩芳 | 同上 | 同上 |
| 办事员 | 辛子安 |  | 同上 |
|  | 张景儒 |  | 同上 |
|  | 高香九 |  | 同上 |
|  | 夏子云 |  | 同上 |
| 书记 | 孙庆锡 |  | 同上 |
|  | 韩其曜 |  | 同上 |
|  | 李守真 |  | 同上 |

## 十三　邹平实验县第三届联庄会训练班各队服务人员一览表

邹平实验县第三届联庄会训练班各训练队服务人员一览

| 队别 | 队长 | 副队长 | 军事主任教官 | 军事教官 | 民事主任教官 | 民事教官 | 事务员 |
|---|---|---|---|---|---|---|---|
| 第一训练队 | 纪凌云 | 刘弼廷 鄢大动 | 张德润 | 王志昌 赵佐功 | 高松岩 | 孙蛟峰 杜承辉 陈捷三 | 韩光志 |
| 第二训练队 | 孙玉书 | 赵永芳 刘子荣 | 王云甲 | 田锡庆 刘淑恩 | 武绍文 | 王勤庄 申冠朝 赵怀荣 于奎书 | 赵建功 |

续表

| 队别 | 队长 | 副队长 | 军事主任教官 | 军事教官 | 民事主任教官 | 民事教官 | 事务员 |
| --- | --- | --- | --- | --- | --- | --- | --- |
| 第三训练队 | 马方午 | 王启义 | 李少石 | 毛宪章 刘文襄 | 张石方 | 翟锵甫 李少石 | 马维忠 |
| 第四训练队 | 孙逢寅 | 梁雨田 张可钦 | 许书凤 | 吕树武 孟昭悦 惠以兰 | 张次乾 | 孟辉峰 冯欣亭 | 郝恩渭 |
| 第五训练队 | 刘佩三 | 蔡志芹 | 李恒明 | 李明长 张金魁 | 李星三 | 王龙文 李会堂 | 李美亭 |
| 第六训练队 | 刘玉琅 | 成春和 | 成春和 | 郝荣震 刘以荣 | 许之华 | 张晶波 尹明甫 | 张子勤 |

## 第四节 第二次乡队长补习训练

查本县征训队学员结业后，即分发各乡，充任正副乡队长。按"征训员服务规则"第十四条之规定，每年召集正副队长各带原薪来城作短期之补习训练，授以较新较高之学术，以资深造。前已办理一次。本县第三届联庄会训练结业后，各乡队会员又加扩充，且将举办成人教育，诸待指示遵行之事件颇多，又以适值旧年初过，乡民均忙于庆度元宵，地方治安，尚称平靖，乘此时间，即将各乡正副乡队长分两次召集来警卫队举行一短期讲习会，以资补习。会期每次五日，教以战斗动作及户籍常识；第一次于二十五年一月二十八日，至二月二日；第二次于第一次终止之日起，至二月七日结束；每日除讲授户籍常识两小时外，其余时间，概为野外动作。

**关系文件**

一 邹平实验县第二次乡队长补习训练术科进度表

## 邹平实验县第二次乡队长补习训练术科进度表

| 时间\\星期 | 1 | 2 | 3 | 4 | 5 | 附记 |
|---|---|---|---|---|---|---|
| 课目 | 各个战斗教练 | 班战斗教练 | 排战斗教练 | 连战斗教练 | 营战斗教练 | 一、本队受训令全体参加演习 二、各以各色小旗代表之 三、如遇风雨改为学术表 四、本年自二十五日元月十九日施行 |
| 进度 | 运动与射击联系 | 班攻击 | 排攻击 | 连攻击 | 营攻击 |  |
| 时间分配 上午 九时十分至十二时十分 | 1. 前进姿势及步度须努力适宜，火之效应简单应用，可设简单了之情况而明了其要领 2. 前进与停止须适应时机敏活行之利用地形地物迅速确实为要 3. 利用地形地物以发扬火力为主其次则为顾虑敌身体之遮蔽敌选择利用时须迅速判别其价值不可踌躇 | 1. 有无射击之散开动作要分清楚班长之口令与射击指挥须简明清楚以迅速接敌为主但以适合前进情况为要 2. 散兵前进之准备运动随伴随偏斜跃进及匐前进机与距离须限定时不得超过限定 2. 准备冲锋之时机不可距敌过远致招损害实施冲锋及暴阵□□之精神及处置攻击奏功后追击射击之姿势不可过遽暴露而射击须准确 | 1. 排长干火线之运动务掌握实 2. 班长干射击之连口务止与射击时机指导适宜 3. 各班协同动作逐次前进须有效力射击以期迅速接近敌人 4. 接队增加口线之时机不失时机适合情况与地形 5. 发现好机立即冲锋使敌不暇抵抗 6. 排与班长之诱敌及掌握兵力动作散兵战观念 | 1. 接到营长命令后定防御线及该地之道略概定以明确守任之位置口口掩护侦探之任务 2. 侦察地形及友军之关系地形任务须顾虑敌情而同时确定防御计划 3. 第一线兵力之配备务须适宜 4. 预备队位置须顾敌情况变化容易 5. 对于指示之事项第一线及预备队应明确 | 1. 搜索及警戒部队之派遣 2. 接敌时对空及炮火之遮蔽 3. 前进部署 4. 各指挥官间之联络 5. 敌情地形之侦察及判断 6. 重火器之运用 7. 展开前进 8. 攻击前进 9. 预备队之使用 10. 冲锋部署 |  |
| 注意事项 |  |  |  |  |  |  |

## 第五章 邹平自卫实验第三期之设施

### 邹平实验县第二次乡队队长补习训练术科进度表

续表

| 午时别 \ 时间 \ 星期 课目 | 1 | 2 | 3 | 4 | 5 | 附记 |
|---|---|---|---|---|---|---|
| 课目 | 各个战斗教练 | 班战斗教练 | 排战斗教练 | 连战斗教练 | 营战斗教练 | |
| 进度 | 1. 运动与射击之连系　2. 冲锋 | 班防御 | 排防御 | 连防御 | 营防御 | |
| 下午 三时三十分至五时三十分 时间分配 注意事项 | 1. 射击时提枪瞄准击发务须分明节度使了解对于各种目标之射击务须详加指导而使记忆　2. 运动与连系之射击务须沉着实速确实不失时机为要　3. 冲锋务须猛烈果敢 | 1. 全班停止地点力求遮蔽决定守兵配置适于地形并须密置　2. 工事构筑指示区域须明了　3. 监视兵之指定　4. 按地形须适于射务　5. 进入阵地须适合时机之防御战斗 | 1. 地形选择及守兵之配备　2. 工事构筑之设备与伪装之设领　3. 班长对各种情况之射击指挥　4. 敌追迫近阵地后之准备与处置之要领　5. 拒止敌人主力确守阵地以主力防御配备之余暇并决对人之判断而误乘敌人掩护主力之安全 | 1. 连战斗疏开队形前进连长得侦探报告及自己之观察对敌阵地大概明了同时被炮火之射击更烈而行展开　2. 预备队之位置须顾虑敌情地形与情况变化　3. 开始运动基准排射击对正目标确实维持射击之方向　4. 排班之前进停止与联络　5. 使用预备队当失时机　6. 须乘好时机决行肉搏然之冲锋一举而破敌阵地之后端 | 1. 掩护（警戒）部队之派遣　2. 地形之侦察　3. 火网之配置　4. 第一线兵力之派遣及占领区域之指示　5. 重火器与机关之指示与侧方机关之位置及使用　6. 预备队之位置　7. 工事之构筑　8. 部队之联络　9. 防御及对空遮蔽　10. 防御战斗 | |

## 二　邹平实验县第二次乡队长补习训练野外演习计划表

邹平实验县第二次乡队长补习训练野外演习计划表（一）

| 课目 | 营攻击 | 指挥官 | 队长 |
|---|---|---|---|
| 东军想定（情况） | 一、东军第一师编为左右两翼队步兵第一团山炮四门工兵一排骑兵一连为右翼队于 月 日午前 时在黛溪桥附近开进完了<br>此时接到如下之情报<br>1. 较我劣势之敌本日午前 时行抵亚风口东端之线停止似有构筑工事模样<br>2. 接官亭附近有敌一部出没<br>二、第二营营长奉到团长命令之要旨如下：<br>1. 较我劣势之敌于本日午前 时行抵亚风口之线停止似有构筑工事模样 接官亭附近有敌一部出没<br>2. 本团为右翼队拟攻击该敌本团与左翼队之战斗地域境界邹平西关外经过接官亭韩家坊子大道线上归我团<br>3. 第一营为右第一线在河西张庄以北地区展开第二营为（附山炮二门工兵一班迫击炮四门传骑四名）为左第一线在河西张庄以南展开攻击亚风口韩家坊子之敌两营之战斗地区境界为河西张庄与韩家坊北侧之线线上归第一营<br>4. 野炮与第一营在河西张庄西北高地占领阵地协助攻击 | 编制<br><br><br><br>指导方法 | 乡队长假设编为步兵第二营（第四、五、六连）号领一班假设编为机关枪连一班假设编为山炮一排四名假设编为工兵一班再以六名作假设敌其余人数假编为迫击炮四门传旗四名（红旗一面代步兵一排红白旗一面代机枪一挺蓝旗一面代山炮一门蓝白旗一面代迫击炮一门）<br><br>指挥官将课目想定简明讲解后全队官长指导实施连排长均由乡队长充任 |
| 研究事项 | 1. 搜索及警戒部队之派遣<br>2. 接敌时对空及炮火遮蔽<br>3. 前进部署<br>4. 各指挥官间之连络<br>5. 敌情地形之侦察及判断<br>6. 重火器之运用<br>7. 展开部署<br>8. 攻击前进<br>9. 预备队之使用<br>10. 冲锋部署 | 演习时间 | 出发　上午九点<br>开始　上午十点 |
| | | 讲评地点 | 接官亭西端 |
| 制令 | 1. 严禁任意发射<br>2. 相距五十米远停止射击 | | |

邹平实验县第二次乡队长补习训练野外演习计划表（二）

| 课目 | 营防御 | | 指挥官 | 队长 | | |
|---|---|---|---|---|---|---|
| 东军想定（情况） | 一、东军支队以固守邹平之目的编为左右两纵队由长山方向西进<br>二、右翼队于二月　日午前　时行抵邹平西关支队长（步兵第一团团长）给予第二营营长命令之要旨如下：<br>1. 较我优势之敌由章邱方向东进约于正午可达亚风口<br>2. 我支队以固守邹平拒止该敌<br>3. 第一营为右第一线在河西张庄至中城子之线占领阵地第二营（附山炮两门工兵一班迫击炮四门传骑六名）在河西张庄至坟之间地区占领阵地马家庄县道南之线须配置警戒部队<br>4. 午前　时　分在西关阁门内开设弹药供给所在西关街中间设野战医院<br>5. 予于右翼巡视抵抗地带后至西关阁门内一切报告送至该处 | | 编制 | 乡队长假设编为步兵第二营（第四、五、六连）号令员一班假设编为机关枪连一班假编为山炮一排四名假编为工兵一班再以六名作假设敌其余人数假编为迫击炮四门传骑六名（红旗一面代步兵一排红白旗一面代机枪一挺蓝旗一面代山炮一门蓝白旗一面代迫击炮一门） | | |
| | | | 指导方法 | 指挥官将课目想定简明讲解后全队官长指导实施连排长均由乡队长充任 | | |
| 研究事项 | 1. 掩护（警戒）部队之派遣<br>2. 地形之侦察<br>3. 火网之配置<br>4. 第一线兵力之派遣及占领区域与射击区域之指示<br>5. 重火器之运用与侧方机关之位置<br>6. 预备队之位置及使用<br>7. 工事之构筑<br>8. 部队之连络<br>9. 防御及对空遮蔽<br>10. 防御战斗 | | 演习时间 | 出发 | 上午九点分 | |
| | | | | 开始 | 上午十点 | |
| | | | 讲评地点 | 马家庄西端 | | |
| 制令 | 1. 严禁任意发射<br>2. 相距五十米远停止射击 | | | | | |

## 第五节　扩充村组改选村组长

本县联庄会训练后之组织，按地段编制为十四乡队，一百零七村组，已于第三章第五节言之。查第一届联庄会训练结业会员为一千一百三十三名，各村会员人数有少至一人者至多亦不过七八人，其中二三人者居多，故当时村组之成立，每村组所辖村庄由一村至六七村不等，村组长对于会员之统率指挥多数感觉不便。至第二届会员结业，各村组人数虽有增加，而村组并未扩充；至二十五年一月又增加第三届结业会员，各村组会员人数较前已增多一倍，全县村庄有会员四五人者，已较占多数，且极需要本村皆有统率之人，以便指挥，遂于二十五年二月决定改编各乡之村组，凡有会员五人以上之村庄，即成立一村组，推选村组长副各一人，会员在十五人以上者，得加推副村组长一人。又本县办理成人教育之计划，各村应一律举办，其军事训练即以各村之联庄会会员为军事教员或班长，各村会员自更需要均有村组长负责指挥。以是在第二次乡队长补习训练后，即着手改编，计成立首善乡七组，较前增三组；第一乡十二组，较前增六组；第二乡十四组，较前增五组；第三乡十三组，较前增七组；第四乡十二组，较前增五组；第五乡十五组，较前增九组；第六乡十七组，较前增十组；第七乡二十二组，较前增九组；第八乡二十五组，较前增十六组；第九乡十二组，较前增六组；第十乡十三组，较前增八组；第十一乡十五组，较前增七组；第十二乡十四组，较前增八组；第十三乡三十四组，较前增十九组；合计全县共成立二百二十五村组。村组长亦同时改选，正村组长二百二十五人，副村组长二百三十二人。

## 第六节　第二次村组长补习训练

前节所述本县各乡队村组之扩充及村组长之改选，实为因应两种需要而办理：其一为自卫组织之本身，会员既已增多，村组必须扩充，凡有会员五人以上之村庄，均应自成一村组，以便指挥，运用灵活；其二为本县办理成年教育之计划，定于二十五年三月开始实施，军事训练极占重要成分，各村一律举办，此次军事教员，必须就地取才，自以村组长充任为最宜，无村组长之村庄，亦须以副村组长或会员充之。故村组之扩充对于本县自卫组织及成年教育之进行，均极关重要。而新选定之村组长既负有办理成年教育之任务，则对成年教育必须有相当之了解；且教练军事，各项规则，各种口令与施教之进度次第及其态度，均须切实明了而娴熟，方足胜任。故于成年教育开学前，乃将新选定之村组长分两次集合至警卫队予以短期之讲习。无村组长之村庄，则调训其副村组长或会员一人，务使各村会员均得明了成年教育之办法，方能一致进行，办理整齐。此次训练，以限于时间，仅定三日，除授以成年教育纲要，成年教育实施办法，村组长须知提要，及精神讲话外，军事则侧重口令之练习及教授方法。其每日课程，因特别加紧，学科均移于夜间教授，合计约达十二小时；各村组长亦深感自身责任之重大，注意学习，感知振奋，故虽日期至短，而收效殊见宏速。

**关系文件**

**一　村组长须知提要**

（一）本县联庄会之组织系统

1. 训练时之组织系统

2. 训练后之组织系统

（二）村组长之地位

1. 为本县联庄会之下级干部。

2. 为本县联庄会会员之直接官长。

（三）村组长之任务

1. 应遵照本县联庄会会员服务规则，受各该村村理事或村长

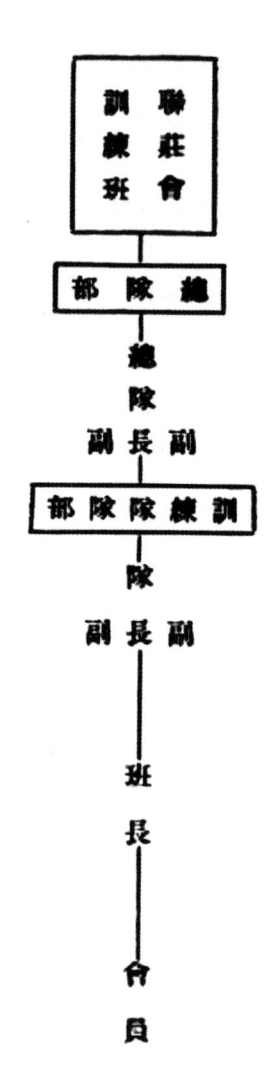

```
    ┌─────────┐
    │ 聯  訓  │
    │ 莊  練  │
    │ 會  班  │
    └────┬────┘
         │
    ┌────┴────┐
    │ 總 隊 部 │
    └────┬────┘
         │
      總隊副
       長
      副
         │
    ┌────┴────┐
    │訓練隊部 │
    └────┬────┘
         │
       隊副
        長
       副
         │
       班長
         │
       會員
```

之指导监督，并服从乡队长副之命令。

2. 应诚恳接受本村村学或小学教员之指导，办理本村成人教育。

3. 应认真指导监督本村组所属会员，负责维持地方治安，传达政令，并共同努力办理本村成人教育。

4. 应以身作则，为其他会员之表率。

5. 应当为所属会员讲解服务规则，及成人教育办法，切实

```
            縣政府(縣長)
           ┌──────┴──────┐
       鄉學(鄉理事)    警衛隊(隊長)
           └──────┬──────┘
                鄉隊(隊副長)
           ┌──────┴──┐
       村學(村理事) 村莊(村長)
           └────┬────┘
              村組(村組副長)
                 │
               會員
```

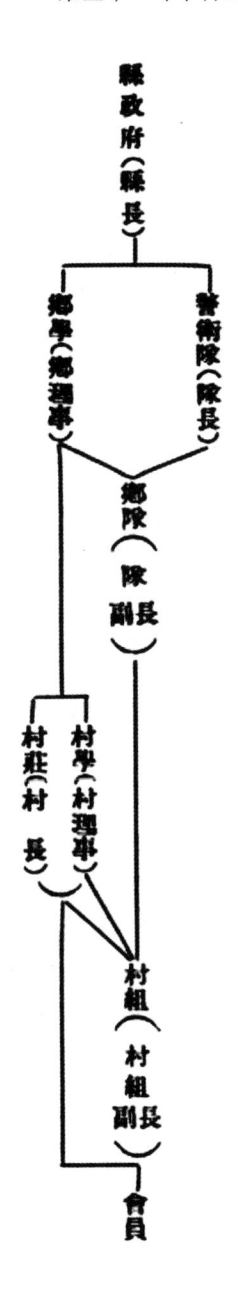

遵行。

（四）各村组间应有之关系

应与邻近之村组时常联络，遇有紧急事项发生时，方易互相协助，虽不属于一乡而为邻近之村组，亦应彼此联络互相协助。

（五）本县联庄会训练之要旨

1. 消极的为查缉匪类，革除烟毒，禁止赌博，与消灭地方一切腐恶势力及腐恶份子，以保卫农村之治安。

2. 积极的为本吾中国民族固有之团结精神，以使吾乡村民众有组织有训练，方能将一切政治的经济的种种设施逐步推进，完成乡村建设。

3. 联庄会训练，实为建设乡村之开端，一切乡村事业之中心；联庄会会员实为组织民众之基础，训练民众之干部，及办理乡村一切事业之中坚份子。

4. 办理成人教育，即是组织民众训练民众之最要工作，亦即建设乡村之最要工作。

5. 办理成人教育，方能合我们联庄会训练广义的目的。

6. 办理成人教育，方能表现出我们联庄会训练的真价值。

7. 办理成人教育，方能尽我们联庄会会员积极的任务。

8. 办理成人教育，方能见我们联庄会会员，是有组织有训练的真精神。

（六）办理成人教育应注意之要点

1. 要用循循善诱之方法，以诚恳之态度，耐烦之性情去教导之。

2. 应先提起其兴趣，以不感觉劳苦，及守纪律之束缚为原则。

3. 未出操前，个人应先预备此次应作之课目。

4. 集合齐后，应先讲解课目，及各动作之要领。

5. 讲解时言词要简单明了。

6. 喊口令时，预令动令要分清楚（即预令明了悠长动令短捷爽快）。

7. 初作之课目，应分解动作，使其大声喊数。

8. 动作有不合适处，应即时矫正之。

9. 作榜样时应令其注视。

10. 个人位置极应注意（排之中央前）。

11. 教练时不准乱发口令。

12. 指挥官态度要严肃端正。

13. 要求点要简单。

14. 要予以休息活动自习之机会。

15. 不可任意操作,应按规定之课目进行。

16. 对于操作纪律及礼节,都应特别注意。

17. 处事应公正和平。

18. 要有和蔼可亲之态度,不可骂人。

19. 应注意检点人数,每日登载到操数目,及请假者,与无故不到者之姓名,待巡查员到村时报告。

20. 学员有过失应先劝导,如不听从时,须报告村理事或村长后处罚之,有重大过失者,应请示巡查员办理。

## 第七节 续施成人军事训练

二十四年三月间所办之青年义务教育训练班,即以实施成人军事训练,而为村集合训练之实验,办理情形已于前章言之。此届二十五年春季,应即继续举办,但经检讨过去青年义务教育各项办法颇有应加修正者。查本县村学原有设立成年部之规定,其他村立学校亦得设立成年部,惟无军事训练;今加入成人军事训练改称成年教育,实则与设立成人部之意尤较符合,乃订定成年教育实施办法,及成年教育纲要,并编选各项教材,以资进行。各村成年部,均委任其本村村长或村理事充任,村学或村立学校教员皆为成人部教员,以村组长联庄会会员为军事教员及班长。凡年在十六岁以上,三十岁以下之男子,除学生及公务员教员外,皆应为成年部学员,一律训练,并将全县村长村理事及村组长,均于开学前集中城内,予以短期之讲习,说明各项办法及其本人应负之责任与注意之事项。又查去年青年义务教育授课时间,朝课殊有妨碍农民之工作,多感不便。此次办法仅规定夜间授课,即于二十五年二月二十六日开始训练,进行甚形顺利。原定训练期间为十礼拜,但至清明(四月五日)农事渐忙,遂提前结束,并分乡举行考试。计全县成立二百六十六部,受训学员共八千三百五十三人,考试课目,分军事操,唱歌,演说及常识问答四项,训练期限虽不满四十日,而考试成绩,殊觉有意外之收获,非但学员之精神生发,喜跃可爱,一般农民观者亦莫不兴感,风气因之移易,尤为一大进步。

**关系文件**

### 一　成年教育纲要

（一）我们为什么举办成年教育

甲、教育非青年儿童所独有——专办青年儿童教育是错误的。

乙、教育是与人生同终始——有生活即有教育,活到那里学到那里。

丙、现在成年教育的重要性——乡村建设是推动社会组织乡村；成年人是社会的中坚人物,非给中坚人物以特殊教育,不足以推动社会。

丁、要想安居乐业须先普及教育——无自卫能力不能治乱,无生产能力不能救贫,不会的使他会,不能的要他能,皆须教育普及,方能做到。

（二）我们举办成年教育的办法

甲、过去的办法——村立学校成年夜班失于散漫,青年训练班失于严格,联庄会训练花钱多受训者少。

乙、现在的办法——邹平实验县成年教育实施办法,邹平实验县实施成年教育惩奖办法,邹平实验县成年部学生请假规则。

（三）村庄长对于举办成年教育的责任

甲、村庄长的责任很多,要耐烦去做——村庄长须知,现在本是多事的年头,村庄中的事情,不管大大小小几乎没有不是村庄长的责任,但是做庄长的不能怕多事,大家不做事,社会永不会好。

乙、对于成年教育的责任——成年部主任

1. 召集全村民众，说明成年教育的意义与办法。

2. 调查应受教育者姓名，年龄，人数。

3. 会同教员造送成年部学生名册。

4. 劝导并督饬应受成年教育者入学受训。

5. 筹备成年部应用物品器具等。

6. 维持学生上课秩序。

7. 随时向学生训话。

8. 其他不属于教员及村组长者

（四）村组长对于举办成年教育的责任

甲、村组长的责任很重——村组长须知

乙、对于成年教育的责任——成年部班长

1. 协助村庄长调查应受教育者姓名，年龄，人数。

2. 负责将成年部学生编为若干班，并分别指挥之。

3. 担任军事教练。

4. 担任音乐教员。

5. 召集学生上课。

6. 负责点名并检查请假旷课实到人数，报告于教员。

7. 维持学生上课下课秩序。

8. 与学生同时听讲。

9. 其他。


## 二　邹平实验县成年教育实施办法

（一）本县成年教育之实施，依本办法行之。

（二）本县成年教育，以启发民族意识，培养组织能力，增长普通常识，陶冶服务精神为宗旨。

（三）凡居住本县，年龄在十六岁以上，四十岁以下之男子，均应受成年教育；但在校学生及现任教职员，公务员，不在此限。

（四）成年教育之实施，每年分为两期；每期十周，于春冬两季行之。

（五）成年教育之实施，以村为单位，并为村学或村立学校之一部，定名为某乡某村村学或村立学校成年部。每部得依人数之多寡，年龄程度之差异，分编为若干班。其无村学或村立学校之村庄，应由该管乡学斟酌情形，归并于附近之村学或村立学校办理之。

（六）各村村理事村庄长任各该村成年部主作，负事务领导之责；并以村组长副及较优秀之联庄会员为班长，负调查召集指挥管理之责。

（七）成年部以村学或村立学校之教员为教员，村组长副及联庄会员兼军事教员及助教，曾受小学以上教育之受训员得充导友。

（八）各乡乡理事，辅导员，总队长，为各该乡成年部指导员。

（九）本县为便于指导成年部进行起见，得添设巡回指导员，由县长就县府职员，或研究院导师分别委聘之。

（十）各村成年部之课程如下

1. 公民（户籍及人事登记，民族故事，时事报告，乡村学须知，精神陶练）三十五小时

2. 国语（识字，应用文，演说）三十五小时

3. 常识（社会，合作，卫生，农业常识）三十五小时

4. 音乐 二十小时

5. 军事训练（学科，术科）五十小时

（十一）各村成年部每周课程表，由县政府制定，于开始之前二日公布之。

（十二）本县为供给各村成年部教材，得组织成年教育教材编辑委员会，各委员由县长委聘之。

（十三）各科教材编辑后，即由县政府印发各村，所需之印刷费，村县各任一半，村庄之一半，由县府补助费内扣除之。

（十四）各村成年部上课期间，县政府，乡学，村学，或村立

学校均须组织交通队，以期由县至乡，由乡至村，均无传递迟缓之弊。

（十五）各村每月应将成年部进行概况呈由各该乡学，转送县政府备查。

（十六）各村成年部奖惩办法及请假规则另定之。

（十七）本办法如有未尽事宜，得交县政会议修正之。

（十八）本办法自县政会议通过公布之日施行。

### 三　邹平实验县实施成年教育奖惩办法

（一）本办法依据邹平实验县成年教育实施办法第十六条之规定订定之。

（二）奖惩分名誉奖与物质奖两种。

（三）惩罚分训斥罚与劳役罚二种。

（四）在受教期间有下列情事之一者应受奖励：

1. 从未缺席一次者，
2. 从未迟到或早退者，
3. 品学成绩优良者，
4. 努力教导他人者，
5. 经指导员认为有特别成绩应予奖励者。

（五）有下列情事之一者应受惩罚：

1. 教育开始时延迟报到或意图规避者，
2. 无故缺席者，
3. 荒怠学业者，
4. 迟到或早退者，
5. 行为不端者，
6. 经指导员认为有特别过失应予惩罚者。

（六）奖励惩罚均由该成年部主任教员商承指导员决定之，其执行办法如下：

1. 名誉奖，由该管村学或村立学校呈请乡学村学汇呈县政府

明令褒奖之，

2. 物质奖，由该管村学，或村立学校呈请乡学汇呈县政府授予之，

3. 训斥罚，由指导员，教员或主任执行之，

4. 劳役罚，由该管村学，村立学校或指导员呈请县政府下令执行之。

（七）劳役罚得因被惩罚者诚意改过，经指导员审核后，暂缓执行；但如重犯该项过失时，应加倍处罚之。

（八）各教员，主任及各指导员之考成，由县政府办理之。

（九）本办法如有未尽事宜，得随时提交县政会议修正之。

### 四 邹平实验县成年部学生请假规则

（一）本规则依据邹平实验县成年教育实施办法第十六条之规定订定之。

（二）凡受本县成年教育之学生请假均须按本规则办理之。

（三）有下列情事之一者方得请假：

1. 身有重病者。

2. 体质孱弱不能操作经医生证明者。

3. 遭遇丧事者（请假不得过一星期）。

4. 身逢婚事者（请假不得过五日）。

5. 因特殊情事，经指导员认为有请假必要者。

（四）请假者须事先向该管教员说明事由，经允准后，方为有效；否则以旷课论。

（五）请假□星期者，须由该管教员商承指导员允许，方为有效。

（六）本规则如有未尽事宜，得随时提交县政会议修正之。

### 五 邹平实验县成年教育课程说明书

（一）本表所列军事训练及唱歌等课程，由各村村组长担任教

授，其无村组长者由各该村成绩优良之联庄会员担任，其余课程由各该村学或村立学校教员担任。（如该村有具有热心及优良学识者，亦可与该村教员商酌分任之。）

（二）军训及唱歌一科，每日一小时，军训约占四十分钟，唱歌约占二十分钟。军训即照本县警卫队龚队长此次召集各村村组长所讲说规定者办理，其进度，不另书明。唱歌第一周教武装老百姓歌（苏武牧羊调），第二周教救国歌（满江红调），乡村自卫歌（黄族歌调），第三周教爱惜光阴歌，邹平风景歌（满江红调），第四周教悔改歌，服从歌，第五周教服从团体命令歌，以昭划一。

（三）精神讲话一科，至为重要，各教员应于课前充分准备，与学生以精神之启发，生活之指导。所发该种教材如不敷用，即以乡村礼俗，中华民族故事代之。

（四）时事报告一科，不发教材，由各教员采录县公报，同学通讯，国闻周报等刊物之材料演述之。

（五）乡农的书，由县政府按学生人数发给，不识字者，应从头教授，每周约教三课至五课。略识文字者由各教员斟酌情形教授之。

（六）所编合作教材，颇属浅明有趣，应按照次序分别列举具体事实说明之。

（七）乡学村学须知一科，应将学众须知一章，详加解说，乡村学组织及系统亦应举例说明。

（八）自卫要义，为现代人民切要明了之基本知识，应认真讲说。

（九）各科教材内容时间之分配颇难约计适当，全在教者活用，若能自己搜集同性质之补充教材，以补县政府所发教材之所不及，亦为必要。

（十）各科教材，除乡农的书外，为供给教员参考，并不发给学生，各教员应参考教材文词，加以补充讲解，灵活运用，务使学生心领神会，如有重要语句，必要时亦可写在黑板上，使学生记录之。

（十一）此次举办成年教育，各教员应认真办理。关于成人教学方法，自不同于儿童，应注意其心理变化，已有智识经验，及其学习能力及兴趣，如有所得，便是真学问！

### 六　邹平实验县成年教育课程表

邹平实验县成年教育第一周课程表 自二月二十六日至三月一日

| 课目＼时间＼星期 | 星期三 | 星期四 | 星期五 | 星期六 | 星期日 |
| --- | --- | --- | --- | --- | --- |
| 自晚六时三十分至七时三十分 | 军训及唱歌 | 军训及唱歌 | 军训及唱歌 | 军训及唱歌 | 军训及唱歌 |
| 自七点四十分至八点十分 | 精神讲话 | 时事报告 | 精神讲话 | 精神讲话 | 时事报告 |
| 自八点十分至九点 | 乡农的书 | 乡农的书 | 自卫要义 | 乡农的书 | 自卫要义 |

第二周课程表自三月二日至三月八日

| 课目＼时间＼星期 | 星期一 | 星期二 | 星期三 | 星期四 | 星期五 | 星期六 | 星期日 |
| --- | --- | --- | --- | --- | --- | --- | --- |
| 自晚六时三十分至七时三十分 | 军训及唱歌 | 军训及唱歌 | 军训及唱歌 | 军训及唱歌 | 军训及唱歌 | 军训及唱歌 | 军训及唱歌 |
| 自七时四十分至八时十分 | 时事报告 | 精神讲话 | 时事报告 | 乡农的书 | 时事报告 | 精神讲话 | 时事报告 |
| 自八时十分至九时 | 乡农的书 | 乡农的书 | 自卫要义 | 乡农的书 | 自卫要义 | 乡农的书 | 自卫要义 |

### 第三周课程表自三月九日至三月十五日

| 课目＼时间＼星期 | 星期一 | 星期二 | 星期三 | 星期四 | 星期五 | 星期六 | 星期日 |
|---|---|---|---|---|---|---|---|
| 自晚六时三十分至七时三十分 | 军训及唱歌 | 军训及唱歌 | 军训及唱歌 | 军训及唱歌 | 军训及唱歌 | 军训及唱歌 | 军训及唱歌 |
| 自七时四十分至八时十分 | 精神讲话 | 时事报告 | 精神讲话 | 时事报告 | 精神讲话 | 时事报告 | 精神讲话 |
| 自八时十分至九时 | 乡农的书 | 乡农的书 | 自卫要义 | 乡农的书 | 乡农的书 | 自卫要义 | 乡农的书 |

### 第四周课程表自三月十六日至三月二十二日

| 课目＼时间＼星期 | 星期一 | 星期二 | 星期三 | 星期四 | 星期五 | 星期六 | 星期日 |
|---|---|---|---|---|---|---|---|
| 自晚六时三十分至七时三十分 | 军训及唱歌 | 军训及唱歌 | 军训及唱歌 | 军训及唱歌 | 军训及唱歌 | 军训及唱歌 | 军训及唱歌 |
| 自七时四十分至八时十分 | 时事报告 | 精神讲话 | 时事报告 | 精神讲话 | 时事报告 | 精神讲话 | 时事报告 |
| 自八时十分至九时 | 乡农的书 | 乡农的书 | 乡农的书 | 合作 | 合作 | 合作 | 乡农的书 |

第五周课程表自三月二十三日至三月二十九日

| 课目＼时间＼星期 | 星期一 | 星期二 | 星期三 | 星期四 | 星期五 | 星期六 | 星期日 |
|---|---|---|---|---|---|---|---|
| 自晚六时三十分至七时三十分 | 军训及唱歌 | 军训及唱歌 | 军训及唱歌 | 军训及唱歌 | 军训及唱歌 | 军训及唱歌 | 军训及唱歌 |
| 自七时四十分至八时十分 | 乡村学须知 | 时事报告 | 乡村学须知 | 时事报告 | 乡村学须知 | 时事报告 | 乡村学须知 |
| 自八时十分至九时 | 乡农的书 | 乡农的书 | 合作 | 合作 | 合作 | 乡农的书 | 乡农的书 |

第六周课程表自三月三十日至四月五日

| 课目＼时间＼星期 | 星期一 | 星期二 | 星期三 | 星期四 | 星期五 | 星期六 | 星期日 |
|---|---|---|---|---|---|---|---|
| 自晚六时三十分至七时三十分 | 军训及唱歌 | 军训及唱歌 | 军训及唱歌 | 军训及唱歌 | 军训及唱歌 | 军训及唱歌 | 军训及唱歌 |
| 自七时四十分至八时十分 | 精神讲话 | 时事报告 | 精神讲话 | 时事报告 | 精神讲话 | 时事报告 | 精神讲话 |
| 自八时十分至九时 | 乡农的书 | 乡农的书 | 农业常识 | 农业常识 | 农业常识 | 乡农的书 | 乡农的书 |

## 七　邹平实验县成年教育军训术科教育进度预定表

### 邹平实验县成年教育军训术科教育进度预定表

| 星期别间午时 | 课目 | 下午 | | |
|---|---|---|---|---|
| | | 六时三十分至七时三十分 | | |
| | | 课目 | 进度 | 着眼点 |
| 第一周 | 各个教练 | | 1. 立正姿势，及自然行进。<br>2. 立正，稍息，及向右（左）转法。<br>3. 原地转法，及自然行进。<br>4. 复习原地转法。<br>5. 慢正步。<br>6. 复习本周各课目。 | 1. 立正两足跟须靠拢并齐，两腿务须伸直，上体体重须平落腰上。行进时，步要提高迈大，两臂之摆动须自然活泼。<br>2. 稍息时，上体姿势不可变，两腿不可弯曲，禁止谈话，旋转时，两腿不准弯曲，上体不可扭折，转过后方向宜正确。<br>3. 旋转时须以左足跟为轴，两足跟不可离开，行进时两目不可下视。<br>4. 同上。<br>5. 第一动左大股须提平，第二动左足须至七十五生的处伸直着地。<br>6. 矫正一切不良姿势。 |
| 第二周 | 各个教练 | | 1. 慢正步。<br>2. 正步行进。<br>3. 常步行进。<br>4. 正步行进间之立定。<br>5. 正常步之互换。<br>6. 正步行进间之向后转走。 | 1. 上体姿势须严格保持，两目不可下视。<br>2. 须有勇往迈进之气概。<br>3. 虽解除严格姿势，但步长步速不可变。<br>4. 前足着地须挺直，后足靠拢时不可踩地。<br>5. 步度变换，姿势不可变。<br>6. 须以足尖为轴，旋转时两手须贴紧大股，转过后不可看地。 |

续表

| 别 星期 午时 时间 | | 下午 | |
|---|---|---|---|
| | 课目 | 六时三十分至七时三十分 | |
| | 课目 | 进度 | 着眼点 |
| 第三周 | 各个教练 | 1. 正步行进间向右（左）转走及半面向右（左）转走。<br>2. 慢跑步。<br>3. 跑步行进。<br>4. 跑步行进间之立定。<br>5. 跑步行进间向后转走。<br>6. 复习本周各课目 | 1. 旋转后方向宜正确再行前进。<br>2. 步长须适合操典之要求，以足掌着地，须用膝腕关节之弹力。<br>3. 口宜紧闭以鼻呼吸，两臂摆动须自然活泼。<br>4. 须前进两步后再将右足引靠左足成立正姿势。<br>5. 前进两步时不可殿步，前足着地须向内踏下。<br>6. 矫正一切不良姿势。 |
| 第四周 | 班教练 | 1. 班之编成及整齐。<br>2. 直行进，及斜行进。<br>3. 行进间各种步度之互换。<br>4. 行进间各种转法。<br>5. 各种队形之散开法。<br>6. 散开班之前进。 | 1. 编成后之距离，间隔不可缩短拥挤。看齐时不准故意跺脚，身体不可前张后仰忽高忽低。<br>2. 要有团结之精神，勇往迈进之气概，步调务要整齐。<br>3. 变换步度，动作务求一致，姿势不可变换。<br>4. 旋转务须迅速整齐，新方向务求正确，动作协同一致。<br>5. 顺序不紊，静肃敏活。<br>6. 前进时各种步度之选择，停止时地形地物之利用法。 |

续表

| 别间午时 \ 星期 课目 | 下午 六时三十分至七时三十分 | | |
|---|---|---|---|
| | 课目 | 进度 | 着眼点 |
| 第五周 | 排教练 | 1. 排之编成及整齐。 2. 原地转法及直行进。 3. 行进间各种步度之互换。 | 1. 各班长之关系位置，前后列之距离，各兵卒之间隔。 2. 以严肃，正确，齐一，为主眼，务求精神团结，动作一致。 3. 各种步法之变换要确实。 |
| | 连教练 | 4. 连之编成及整齐。 5. 各种队形之变换。 6. 复习前课。 | 4. 排班长之关系位置，及排距排之距离，务要足八步。 5. 动作需敏捷迅速，间隔距离须保持正确。 6. 前课不熟习之处务严格整顿。 |
| 附记 | 一、本表自二月二十六日施行。二、本表内所载之各个教练，如教宜不足分配时，列兵可不必出队。 三、如遇天气变化，术科不能实施时，可改为学科（或唱军歌）。 | | |

## 第八节　第三期会员抽调补习训练

查警卫队办理会员抽调实习训练之计划，在二十四年度全年度内应训练三期：自二十四年七月一日，至十月底为第一期，十一月一日至二十五年二月底为第二期，自三月一日至六月底为第三期。查第二期之召集较原定日期延缓一个月，须至二十五年三月底方届结业。但三月一日应为第三期召集之期，如待第二期结业再行召集，则第三期又须延缓一个月，将在二十五年度内七月底始得结业。以关系经费上之预算决算，不便再行延缓，乃遵照原定日期召集。抽调办法及训练课程均同第一期。

# 第六章　下年度之计划

## 二十五年七月至二十六年六月底

本县办理自卫三年来之工作，已叙其梗概；由树立干部为起点，进而为县集合训练，乡集合训练，以期达于村集合训练。此种步骤之设定，要在合于乡村自卫之要旨，以尽其积极之任务，则最后达于村集合训练实施之日，当不期而与训练民众、组织民众之旨趣必能悉相符合。本县依此步骤办理，三年以来，逐步进行，惟尚未完全实施耳。今后之计划，自应仍循原定之步骤以进。兹分述如次：

### 第一节　关于训练新会员者

#### 一　续施乡集合训练

乡集合训练之取义，非仅为在乡训练而已，乃并将训练之责任，亦付托与乡学，以明乡村自卫应为各乡自身之事，务在乡村人民悉得了解自卫训练之真义，以引发其自力也。查二十四年冬季办理第三届联庄会训练，虽已实施乡集合训练，但以人才缺少，设备不足，仅分六处，由各乡联合办理，尚未能各就其本乡自行举办。将来二十五年冬季第四届之召集，应仍如第三届办法绩施乡集合训练，并拟实行各乡自办，惟人才与设备需要补充耳。

## 二　补充乡集合训练之人才与设备

乡集合训练所需人才，除以乡理事为训练队队长，辅导员为民事主任教官，乡学教员及助教为事教官，乡队长为军事主任教官外，惟军事教官无相当人员担任，补充办法，各乡必于村组长中求之，将来警卫队第四期会员抽调补习训练，拟仅各乡村组长之优秀者抽调训练，使任务乡之军事教官，定堪胜任。各乡设备所缺者，第一为训练时所用之房舍，虽宿舍、厨房尚不难就地租借，勉强使用，惟各乡均无较大之讲堂，为最大困难，此必设法建筑。兹拟于下年度令各乡就乡学所在地各建筑可容四五百人之民众大讲堂一所，每所约需六七百元，由县地方款补助半数，余由各乡担任，并得征调会员各服劳役若干日，坯料亦可由各村分摊，以轻负担。此项民众大讲堂之建设，尚非仅为乡集合训练之用，凡关于召集民众，及乡村各项典礼，皆得于此举行，实为乡村之一必要设备也。待村集合训练实施之期，各村亦均有此需要，惟最近只能及于各乡耳。

# 第二节　关于会员之补习训练者

本县自卫组织之运用，如前所述，其任务既广，而所能尽其用者，实全赖于补习训练之功。一为定期补习训练，一为抽调补习训练。前者仍应照乡会乡射之办法办理，后者拟抽调村组长尽先训练，必期各村均有曾受高级训练者，方足以领导其本村会员办理村集合训练。查过去办理青年义务教育及成年教育之成绩，各村指挥训练之会员，以曾受高级训练者甚少，故成绩悬殊，极不平均。成年教育之实施，本与村集合训练为一事；不过就自卫训练言之，村集合训练应为一严整之训练，而成年教育则较富柔性耳。成年教育之初期，故可谓为村集合训练之实验，而村集合训练之实施，则亦可谓为后期之成年教育也。本县今后训练民众组织民众之工作，故必有赖于会员补习训练之功，即就自卫组织之自身言之，所以能永保其生机，经久而不敝者，亦合赖乎此也。

## 第三节　续施成人军事训练

本县在未实施村集合训练之前，于各村成年部先施以成人军事训练，虽未能骤然期其严整齐一，然于转移乡村之风气，养成农民之习惯上，已获得相当之进步。此后仍待继续办理。三年而后，必须使人民习见其定名，乡村确立为成规。惟其缓而能久，久而能深，与之于未觉，化之于无形，即村集合训练将一举而成矣。

## 第四节　补充民间枪枝

本县枪支，曩以地方平靖，购置甚少，民间以平治既久，对于置枪，迄未认为急务。查本县前登记枪支，仅第十三、第十、第九、第二等乡以地属边区，快枪较多，然总数犹不满三百支，其余各乡民有快枪皆不过十数支。虽近经两次补充，尚不满百支，除留警卫队以备会员轮流训练使用者外，分发于各乡者殊少。现时各乡会员使用者多为旧式之来复枪，尚有大股土匪，实不堪作战。将来拟令各村补充村有公枪，按丁银二十两购置快枪一支，其已有者，将准予免购，计全县丁银约三万两，可得快枪一千五百支，如此则村村有枪，最小之村亦可有快枪一二支矣。

## 附录　训练联庄会会员歌词选

### 一　党歌

三民主义，吾党所宗。以建民国，以进大同。咨尔多士，为民前锋。夙夜匪懈，主义是从。矢勤矢勇，必信必忠。一心一德，贯澈始终。

## 二　国旗歌

中国国民志气宏，戴月披星去务农，犁尽世间不平地，协作共享稻梁丰。地权平等，革命成功；人群进化，世界大同，青天白日满地红。

## 三　武装老百姓歌

我们武装老百姓，穿的粗布衣，吃的家常饭，头戴着草帽圈，手拿是锄杆，常在田野间，终日冒风寒。近几十年来，乡村大破产，兵匪交加，天灾人祸，鸡狗不得安。从此大觉悟，齐来受训练，穿制服，拿枪杆，劈刀又打拳。一心结团体，自救不可缓。秋收农忙后，加入成人班，整整齐齐静听讲演，快乐真无边。

## 四　救国歌

试观全球，世界上弱肉强食，你看那国际斗争何等惨悽！二次大战在眼前，东亚风云正紧急，可叹我国民如散沙，无组织！东三省，既放弃，满洲国，傀儡戏，恨日本倭奴，步步威逼，国破家亡身无托，惟有血战收天地，靠乡村青年八千万之武力。

## 五　乡村自卫歌

战争起来怕自乱，自乱之害不堪言。坏人汉奸，个个都是导火线，里应外合最危险。同胞们，莫迟延，快快组织自卫团，乡村的治安，乡民来保全，到那时，大战爆发，不受糜烂。

## 六　服从团体命令歌

中国向无团体，意志何等涣散！当此世界竞争，我们吃亏无算。团体生活，纪律森严。服从团体，不准抗玩！服从团体，不准抗玩！

## 七　吃饭歌

一粥一饭，来处当思。粒粒辛苦，农民膏脂。哀鸿遍野，无衣无食。开发农业，吾辈天职。

## 八　责任歌

会员须知所负责任，那种最是关重要——勇敢沉着剿除匪类。更须努力去自治：办工厂，办学校，更种树木。打贪污铲土劣，抱决心要尽责任。

## 九　训练队队歌（秋操歌调）

倭寇深兮丧边陲，国势危亡如累卵！集壮丁以操练，有时为农兮有时为兵。旌旗招展兮列成队形，常备队、后备队、壮丁队、基干队，演武习文日频仍。操得乒乓乒乓连声响，群呼"杀杀拼拼""拼拼杀杀"往前冲。陶冶思想敦品行，只练得精神踊跃，努力奋斗，坚持到底，事业自成功。壮矣哉，青年如雨，志士如云，振自卫之精神，振自治之精神，振四千年来教养之精神！各方志士俱效法，我国从此一翻新。民团须救国，救国第一是吾人！

## 十　奋发精神歌（同农工兵大联合谱）

1. 师生们奋发精神，大家要一德一心！师生们奋发精神，大家要月异日新！相亲相爱，精神团结、患难共扶，生死相顾，消灭那反动势力，盗贼与游民。改造不良社会，谋民幸福，真责任在我们。

2. 师生们奋发精神，大家要一德一心！师生们奋发精神，大家要爱国救民！耐苦耐劳，牺牲奋斗，大公无私，谦恭和蔼，更须要有十分的热诚和决心，方能与国际帝国主义万恶军阀死拼。

### 十一　民族道德歌

忠孝仁爱，吾辈所宗；信义和平，民族之荣。孝悌力田，为世所重。团结民众，务以精诚。陶冶思想，首重懿行。旧有道德，实应遵从！

### 十二　守本分歌

诸位兄弟都要明白：民团务须守本分。铲除匪类、维持治安，你们都应尽责任；保身家、保性命、更保邻里与亲朋。闲时操，忙时耕，从命不分兵与耕。

### 十三　精神陶练歌

1. 思想思想思想，养成纯洁与清高；升官发财自私利，丝毫切莫要！敦国救民此为本，应看作至宝。愿我同胞常自省，兽欲恶念全都消！

2. 精神精神精神，养成牺牲和奋斗；直接献身与地方，间接把国救。本此精神去建设，丰功可立奏。愿我同胞齐努力，走此正大光明路！

3. 行动行动行动，务要时时守纪律。吾人生在世界上，名誉为第一。秋毫无犯岳家军，到处民欢喜；愿我同胞齐效法，切戒妄为招人嫉！

4. 工作工作工作，军人须要劳动化；操作而外习农工，自救不二法。各人手艺学精巧，能力真无价。愿我同胞具热心，实行兵工救中华！

5. 习惯习惯习惯，养成吃苦与耐劳；怠惰苟安畏难心，务须快除掉；贪诈虚伪恶根性，一切都莫要。愿我同胞时自励，提起朝气往前跑！

6. 责任责任责任，第一肃清土匪患，自治自卫双方进，保障我闾阎。常备后备同奋勉，铲除匪根源。愿我同胞齐担负，捍卫地方作中坚！

7. 目的目的目的，民团希望有两层：目前秩序能维持，社会得安宁；再为将来团建设，自治大功成。愿我同胞主义定，三民五权能实行！

### 十四　认真训练歌

训练队，要认真，勤操练，振精神；学术两科锻心身，更须要常常忍耐万分！努力革命在吾人，训练队要认真！我会员，地位尊；不拿钱，担重任，消灭土匪救人民。只知道桑梓义务要尽，救国责任在一身。训练队要认真！上课堂须用心，操场中要认真，不分昼夜尽责任；预备着拼命自救救人，为国牺牲须献身，训练队要认真！

### 十五　早起歌

金鸡报晓天明矣，大地混濛已廓清，吾辈会员提起朝气来革命，振作精神去实行；不怠惰，不因循，努力自治要奋勇！联合齐联合，互助齐互助，沉闷、暮气，一切恶气都取消。

### 十六　朝会歌

1. 五点钟，大家起来，都来到操场，锻炼身体，不一时，朝会即开讲。

2. 所说的：团丁与农，均是老百姓；自卫宗旨，即自治，要救我民众。

3. 不过是，武装起来，炯然不是兵；训练之后，预备着，兵农实相同。

4. 我们这，自报奋勇，来参加革命，目的认清，可以说，训练要成功。

5. 训练线，我们回家，本所学的法，实行自治，将来要，建设新中华。

### 十七　轮流当会员歌（三国歌调）

1. 轮流当会员，训练智仁勇，自救救人显本能；退伍仍是农，绝不是当兵！地方黑暗多不平；更有土匪们，苦害我百姓，——烧烧杀杀势更凶，十室多九空，家家如悬磬，不办民团难安宁。

2. 武装老百姓，原来即是农，联合工商与学兵，铲除恶势力，专赖我团丁。同心合作保性命。奉劝我民众，群起来从戎！训练两月算成功，自有幸福生，何怕不太平，轮流不已皆欢迎！

3. 思想多蔽塞，财主与富翁，银钱百万不知用。贪污去派款，土劣去剥征，狼狈为奸逞威风；如狼之法警，似虎之区丁，百方讹诈难产生；处此环境中，仍不速猛省，到了落个人财空！

4. 奉劝我同胞，心中要明了，自卫自治并重要。轮流出壮丁，方法最是妙。再有土匪不用逃；此村一发枪，那边就截剿，哗哩哗啦把匪消。地面既肃清，民众自逍遥，革命史上立功劳！

5. 训练联庄会，组织要健全，学术两科加紧练；地方一份子，皆应受薰染，桑梓义务分当然。振起无畏胆，吾辈志愿坚，认清目标往前干；地方赖保全，国家与亡关，救国救民意最愿！

### 十八　劝办联庄会

军阀专横十余年，百姓没有一日安。土匪遍地没人问，十个村庄九不全。穷人拉去用枪毙，富户架走倾家产。烧了房屋没处住，抢去布匹没衣穿。闹的无法请军队，军队与匪同一般；茶饭不好扬鞭打，言语不顺用脚翻。匪来兵来都受苦，何时才能见青天！幸喜有了联庄会，专剿土匪不要钱；大股土匪都灭净，零星小匪尚未完。奉劝大家快自卫，赶紧成立后备队，先以快枪为基本，土枪矛杆加里边；你帮我来我帮你，大村小村共结连。匪人没有容身地，农人才得去耕田，工商亦能乐职业，家家户户高枕眠。如果办到这地步，你看安然不安然？切莫三心合二意，失却这个好机缘。

### 十九　邹平风景歌（满江红调）

会仙摩阿，从峙间表现特性，想当年文正伟烈，万夫之雄！胜地自古以人名，长白山前逞英风，到而今奋起，步芳躅，练乡兵。遥望那伏生塚，赖口授，传事功。倡孝悌力田师尊道重；万兵于学开新径；文武合一称智勇；务实行乡村建设，救我苍生。

### 二十　爱惜光阴歌

会员会员要立志，切莫自暴与自弃，马援立功汉杀敌，班超投笔封侯去，男儿当自强，时势造英雄，吾齐其奋起，奋起其勿迟，枕戈待旦日，寸金买光阴，白驹实可惜，吾齐其勉之！莫负少年时。

### 二十一　出操歌

忽听军中声声喧哗，观见人马出操法：铜鼓冬冬答答，铜鼓冬冬答答，立定枪放下，向右看齐再作左转法，步法卧倒，立起并跪下，变换队形散开冲锋杀，各放齐放停止与检查。

### 二十二　团结歌

1. 同胞同胞同胞，处世之道贵和衷。譬如同舟遇暴风，还须众力撑。同心终能彼岸登，路险复何惊。全县会员心相同，团结团体作长城。

2. 会员会员会员，当今时务要合群。师□在和古训存，同队如弟昆。武王伐纣世所闻，万众惟一心。况我会员素相亲，自家手足叉何分。

3. 兄弟兄弟兄弟，围墙之祸祸无穷。同甘共苦要相亲，非同陌路人。单木易折众木惊，同志作干城。休因小事苦相争，莫教鹬蚌利渔翁。

4. 乡村乡村乡村，居民异体实同根。况我黄帝之子孙，文明教化尊，大厦一木岂能擎，戮力结同习。试读曹植煮豆吟，莫教古人笑今人。

# 邹平农村金融
# 工作实验报告

山东乡村建设研究院　编

# 序　言

　　邹平农村金融工作实验报告系据两份材料编成：一为农村金融流通处经理陈君道传所编撰该处一年来之工作报告；一为本院研究部同学曹君钟瑜所撰关于邹平金融之论文。所有材料，尤其图表暨涉及数字之材料，均取于此。编者不过为之条理编次而已。凡所叙述即以陈君报告限于廿四年六月而止者为准，最近数月来之改革兴施不在内。盖自本年度邹平合作事业指导委员会组织成立，关于农村金融工作，均在该会讨议规划指导之下；对于过去工作，正从事整理，必须将来另作报告也。又上年秋季曾办理棉业合作社轧花机贷款一次，本年春末曾办理救济旱荒之凿井贷款一次。自一面言之，亦为农村金融之流通；但别见他项报告，此不备述。

廿四年九月廿五日编者志

# 目　次

一　邹平金融概况 …………………………………… （161）
二　邹平县农村金融流通处之设立 ………………… （172）
　　a 设立的沿革及意义 …………………………… （172）
　　b 性质与组织 …………………………………… （173）
　　c 业务、会计及簿记样式 ……………………… （177）
　　d 收支概况 ……………………………………… （198）
三　邹平农村信用合作社之推行 …………………… （199）
　　a 农村信用合作社组织之要点 ………………… （199）
　　b 农村信用合作社组织之方式 ………………… （201）
　　c 农村信用合作社活动金融方法 ……………… （203）
　　d 农村信用合作社组织之现状 ………………… （209）
四　邹平庄仓合作社之举办 ………………………… （212）
　　a 办理庄仓合作社之旨趣 ……………………… （212）
　　b 善设庄仓合作社之办法 ……………………… （212）
　　c 庄仓合作社之经营管理 ……………………… （217）
　　d 庄仓合作社组织概况 ………………………… （225）
五　邹平庄仓合作社发行庄仓证券之经过 ………… （232）
　　a 庄仓证券发行的旨趣 ………………………… （232）
　　b 庄仓证券发行的办法 ………………………… （236）
　　c 庄仓证券发行的数量 ………………………… （240）

# 一　邹平金融概况

现在要谈邹平的金融，先得谈谈邹平的商务。邹平城乡各镇，大小商号，据商会最近的登记，有二百七十四家。除了几家油酒店，菜饭馆，是单纯营业外，其余通是杂营性质；就是钱号里也可以卖粮食，布店里也可以卖米面，杂货铺里也可以卖蔬菜。你问他是经营哪一类的生意，他都答不来。不过邹平人作商，十之七八是家庭副业，看门首似乎像个商店，实际内容则为住户。店中的主人，女主人，一家老小都是店员，零零星星的卖一点家常用品，没有所谓成行生意。这个原故，因为是距离胶济线周村镇太近，一切交易，通被周村所夺。所以邹平纯为乡村，金融流通亦非都市之复杂可比。惟以交通方便，亦不能不受都市金融之影响。市面上流通之主币除银元外，多为中国、交通、中央、实业，及山东省库券等钞票。辅币通行，多为本地商家发行之铜子票、角钱票。官方虽严行取缔，而实际仍难一时禁止流通。

邹平主要之商业为钱庄与商号。钱庄以经营钱业为主，亦兼营存粮，贩卖麻丝，或其他投机生意。商号以贩卖杂货为主，亦兼营钱庄业务，放债、存钱，以及发行钱票、角票，流通市面。所以邹平金融情形，多操在钱庄与商号之手。而大体上，邹平地域狭小，商业金融之流通活动，循环往复，形式简单，当地稍有资本之商家，皆间户相望，彼此相识，地方商业机会，人皆可见，故浸假习染竞争，彼此皆可做同样之营业。

钱庄初起时，考其历史，盖以前课房征收款项，无处存储，此项款项，年计四十万元，如分存钱庄，得利不少，故钱业乃应运而生。又银圆汇兑掉换，亦为地方之需要，需有地方机关，为之调剂转易。又邹平商号，据熟悉邹平地方商业状况者言，无三十年历史者。大抵自胶济铁路开辟后，因交通之关系，引发邹平之商业；近数年来，又以本院设立，正治社会之变迁，更促进邹平商业进步，资本增加，金融流通迅速；又加近三四年中，地方农产物收获甚丰，农村社会经济平定，而金融商业情形，更加稳固。

各钱庄商号之组织，普通皆为掌柜一人，管账先生一人，伙友数人，学徒若干人。有股东者，如普利、广济储蓄社等，皆集资为之。独家经营者如元祥、恒升等，均为一家之资本为之。经理用人之间，大多为家人父子，亲戚瓜葛。营业场所，多在住宅的前面，后面多留自家居住。

各钱庄商号经营之金融业务，主要的在放农村高利贷，年可得大笔的收入；其次为兑换银圆、汇兑款项等业务。在过去还有一种主要的业务，是发行纸票，由钱庄商号自印发行，约有两种：（一）角票，其形式如各省之毛票。（二）为钱票，当地称为吊票，犹存制钱时代之意义。所发行者多限于一吊、二吊、三吊三种；以九八京钱，抵换铜子。按现洋发行之角票，多为一角、二角、三角三种；以银元行市，抵换铜子，十角兑换现洋。

在民国十五年间，全县发行此项钞票者，约有五百余家，当时以资本少，票额多，而倒闭者三百余家。因之纸票信用，渐形低落，市面金融，颇受影响；于是以全县商会名义，加以整理，经整理之后，金融状况，较为稳定。

在民国二十二年本院社会调查股调查，尚有发行纸票之钱庄商号八十一家；发行纸票数额最高者为二千二百二十一元，最低者，二百元。其统计如下：

| 商号 | 资本额（元） | 营业状况（元） | 发行纸票额 | | | 备考 |
|---|---|---|---|---|---|---|
| | | | 角票（元） | 钱票（十吊） | 合计（元） | |
| 恒升号 | 1250 | 3100 | | 5000 | 526.32 | |
| 大成号 | 800 | 700 | | 6400 | 673.60 | |
| 太利号 | 1000 | 1400 | 300 | | 300 | |
| 德兴涌 | 250 | 800 | 6000 | 4000 | 6421.00 | |
| 永泰成 | 300 | 200 | 2000 | 6000 | 2631.50 | |
| 裕祥合 | 100 | 430 | | 2000 | 210.50 | |
| 鸿昌永 | 200 | 380 | 200 | | 200.00 | |
| 大同号 | 1000 | 1900 | | 8040 | 846.21 | |
| 义兴公 | 450 | 1000 | | 11100 | 1063.03 | |
| 裕和祥 | 100 | 250 | | 3000 | 315.75 | |
| 公庆祥 | 300 | 1000 | | 5300 | 557.83 | |
| 大有恒 | 600 | 2500 | | 9000 | 947.25 | |
| 瑞祥永 | 200 | 420 | | 2000 | 210.50 | |
| 裕泰和 | 300 | 500 | 200 | | 200.00 | |
| 浓香齐 | 700 | 1400 | 988 | 10100 | 2051.03 | |
| 三盛义 | 400 | 1100 | | 2600 | 213.65 | |
| 广济世 | 2000 | 7000 | 300 | 2440 | 557.76 | |
| 广利社 | 2000 | 5100 | 316 | 10400 | 2310.60 | |
| 瑞兴和 | 300 | 2800 | 480 | 6000 | 1111.50 | |
| 德兴长 | 1000 | 1250 | 652.2 | 17000 | 1789.25 | |
| 万通厚 | 500 | 800 | | 4000 | 421.00 | |
| 义兴泰 | 800 | 2100 | | 3000 | 315.75 | |
| 浓成号 | 1000 | 2000 | 300 | | 300.00 | |
| 广太和 | 500 | 1800 | 370 | | 370.00 | |
| 惠吉昌 | 300 | 1200 | | 12000 | 1263.00 | |

（发行的数目及资本数目未详者，均未列入表内。钱票当时按时价九吊五，折成元数。）

又于最近的调查,发行纸票的钱庄商号,共有四十一家;发行纸票额最高者为一千一百元,最低者为五元。兹就统计如下表:

**邹平县各商号发行纸币数目表**

| 商号名称 | 开设地点 | 营业性质 | 纸币钱票（吊） | 种类角票（角） | 拼合洋数（元） | 备考 |
|---|---|---|---|---|---|---|
| 义兴泰 | 西关 | 染坊 | 6000 |  | 600 |  |
| 永泰成 | 同 | 杂货 | 5000 |  | 500 |  |
| 聚祥合 | 同 | 同 | 2400 |  | 240 |  |
| 瑞祥永 | 同 | 同 | 2000 | 1000 | 300 |  |
| 大顺号 | 同 | 同 | 8000 |  | 800 |  |
| 德兴长 | 同 | 钱庄 | 5000 |  | 500 |  |
| 瑞庆恒 | 同 | 同 | 3000 |  | 300 |  |
| 大有恒 | 同 | 同 | 3500 |  | 350 |  |
| 德兴永 | 同 | 钱庄 | 6000 |  | 600 |  |
| 广利社 | 同 | 同 | 800 | 100 | 90 |  |
| 广济社 | 同 | 同 |  | 2000 | 200 |  |
| 聚诚号 | 同 | 酒店 | 10000 |  | 1000 |  |
| 庆兴成 | 东关 | 杂货 | 1500 |  | 150 |  |
| 恒升号 | 城内 | 钱庄 | 3000 |  | 300 |  |
| 大成号 | 同 | 同 | 5000 |  | 500 |  |
| 大同号 | 同 | 同 | 3000 |  | 300 |  |
| 大利号 | 同 | 同 | 3000 | 8000 | 1100 |  |
| 公盛和 | 同 | 同 | 100 |  | 10 |  |
| 裕泰和 | 同 | 同 |  | 53 | 5.3 |  |
| 恒丰号 | 同 | 同 |  | 800 | 80 |  |
| 瑞康号 | 同 | 广货 | 5000 |  | 500 |  |
| 公庆祥 | 同 | 茶庄 | 1000 |  | 100 |  |
| 义兴公 | 同 | 同 | 1160 | 100 | 126 |  |
| 聚香齐 | 同 | 酱园 | 3000 |  | 300 |  |

续表

| 商号名称 | 开设地点 | 营业性质 | 纸币钱票（吊） | 种类角票（角） | 拼合洋数（元） | 备考 |
|---|---|---|---|---|---|---|
| 庆泰号 | 同 | 书店 | 2000 | 1500 | 350 | |
| 万通厚 | 同 | 钱庄 | 240 | | 24 | |
| 三盛义 | 同 | 杂货 | 2500 | 4000 | 650 | |
| 瑞兴合 | 同 | 同 | 1334 | 2300 | 3634 | |
| 洪昌永 | 同 | 同 | | 1270 | 127 | |
| 裕源栈 | 明家集 | 同 | 1200 | | 120 | |
| 义和恒 | 孙家镇 | 酱园 | 1300 | | 130 | |
| 义利公司 | 同 | 钱庄 | 1200 | | 120 | |
| 鸿盛栈 | 同 | 棉业 | 2500 | | 250 | |
| 鸿克昌 | 同 | 杂货 | 3060 | | 306 | |
| 裕兴和 | 韩家店 | 同 | 1200 | | 120 | |
| 聚祥成 | 同 | 同 | 2182 | | | |
| 仁义和 | 陈家庄 | 醋店 | 3000 | | 300 | |
| 复盛涌 | 同 | 同 | 3000 | | 300 | |
| 永盛恒 | 同 | 酒店 | 300 | | 300 | |
| 马瑞成 | 王伍庄 | 杂货 | 400 | | 40 | |
| 刘瑞恒 | 同 | 同 | 400 | | 40 | |
| 合计（四十一） | | | 105976 | 2223 | 12709.9 | 以上合计之总数系吊票与角票二宗所合数 |

据此表与上表的比较发行的家数，及发行的数额，相差太大；可知最近纸票所取缔之进步，近年邹平社会金融稳定之程度。

又就邹平货币流通状况，货币交易情形，以及贴水，利息等情形分述于下：

（1）银圆——银圆多寄存于乡间：乡间人每有蓄积，多存银圆；普通花费，多用钞票。惟手头存有钞票之时，决不挪出现洋支付，到了十分拮据，万不得已之时，始由暗室，将其积存之现洋挪出支用。每见市面现洋多时，即农家开支最多之时。

（2）生银——除妇女首饰匠工所用之少数生银外，余为乡间之富户，尚有存所谓"元宝"者，惟市面已不见流通。

（3）铜子——因官厅对各商号发行铜子票，严令兑现准备，要足六成，须取具铺保。以故商家铜子准备丰富，而市面上亦不感缺乏，此为一好现象。

（4）钞票——市面通行中国银行钞票占百分之六十，交通银行钞票占百分之十，中央银行钞票占百分之零点五，实业银行钞票占百分之零点七，山东省库券占百分之十，地方商号发行辅币占百分之零点八。因中国银行每年放款于梁邹美棉运销合作社为数在十二万以上，此款全为中行钞票，故乡间流通之钞票以中行钞票为最多。如图——

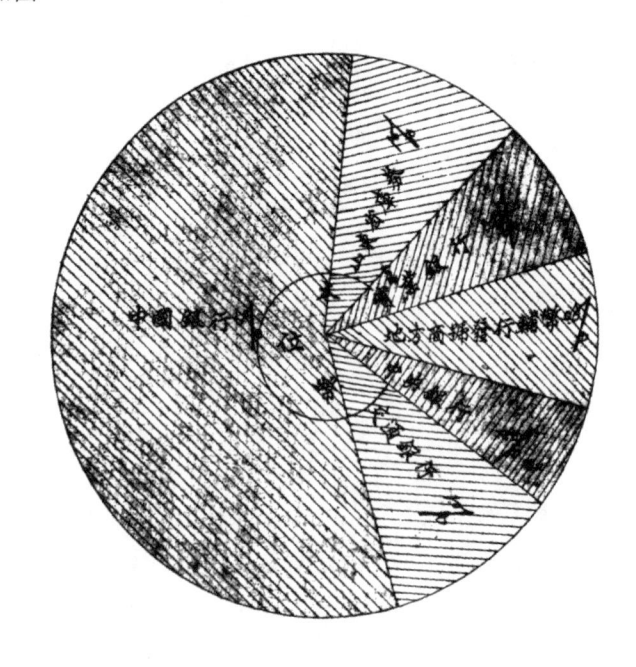

**邹平市面钞票流通比较图**

(5) 银币和铜币交换概况——邹平乡间，仍沿用九八京钱，每吊合小铜子四十九枚，一切交易，仍以吊为单位。普通以银元换铜子，行市无定，自二十三年七月起，至二十四年六月止，通年在五百枚以上，折合邹平九八京钱为十吊零二百；每日行市无定，大都在五百枚以上，忽涨忽落，钱商多从中取利，农民当蒙损失。兹将民国二十三年度，铜子兑换现洋之价格升降，列表见第168—169页。

说明：本表每月分上中下三旬，以五吊为起点，十吊以上，以百为次进数，最近银圆一元换本地钞票十吊零六百五十文，在格线上中下位置都有关系。

(6) 汇水——邹平汇水，与普通所说之汇水不同，并非对于将金钱寄汇其他各埠，应得之汇票手续费而言。所谓汇水者，乃是社会人士，普通商号，欲在钱号存款时，应将款项加成拨账洋钱；然后银号对存款户，按每月行市付给抹息。

钱商……钱号存主……贴给存款人……为上水

存款人……贴给钱商或存主……为下水

存主……存款人两不贴水……为两平

大概市面平稳，各行生意发达，钱商放款容易利息较大，多为两平交付，或上水交付。钱商不用款时，市面不稳，各行生意凋零，有资者，无处可投，存主不吸存款，往往当为下水。此种汇水，并非片面的，是两面的。设若甲商以一千元存于某银号，当日汇水下二十元，即付某银号一千零二十元；甲商于提取存款时，当日汇水下成三十元，某银号亦得贴给三十元。是存主除按行市找得抹息以外，仍提收本洋一千元汇水三十元，共为一千零三十元。此种汇水，完全是钱行对外之一种放款手段。二十三年度通年下水列表于下：

(7) 抹息——邹平抹息有两种意义：以抹言为抹兑之意，以息言为折息之意。在地方上俗名为抹兑，在金融活动上即为同业往来结算。大概周村钱业，每半个月抹兑一次，同业互相拨转账目，以清债仅债务。比如甲商欠乙商一万元，乙商欠丙商一万元，丙商

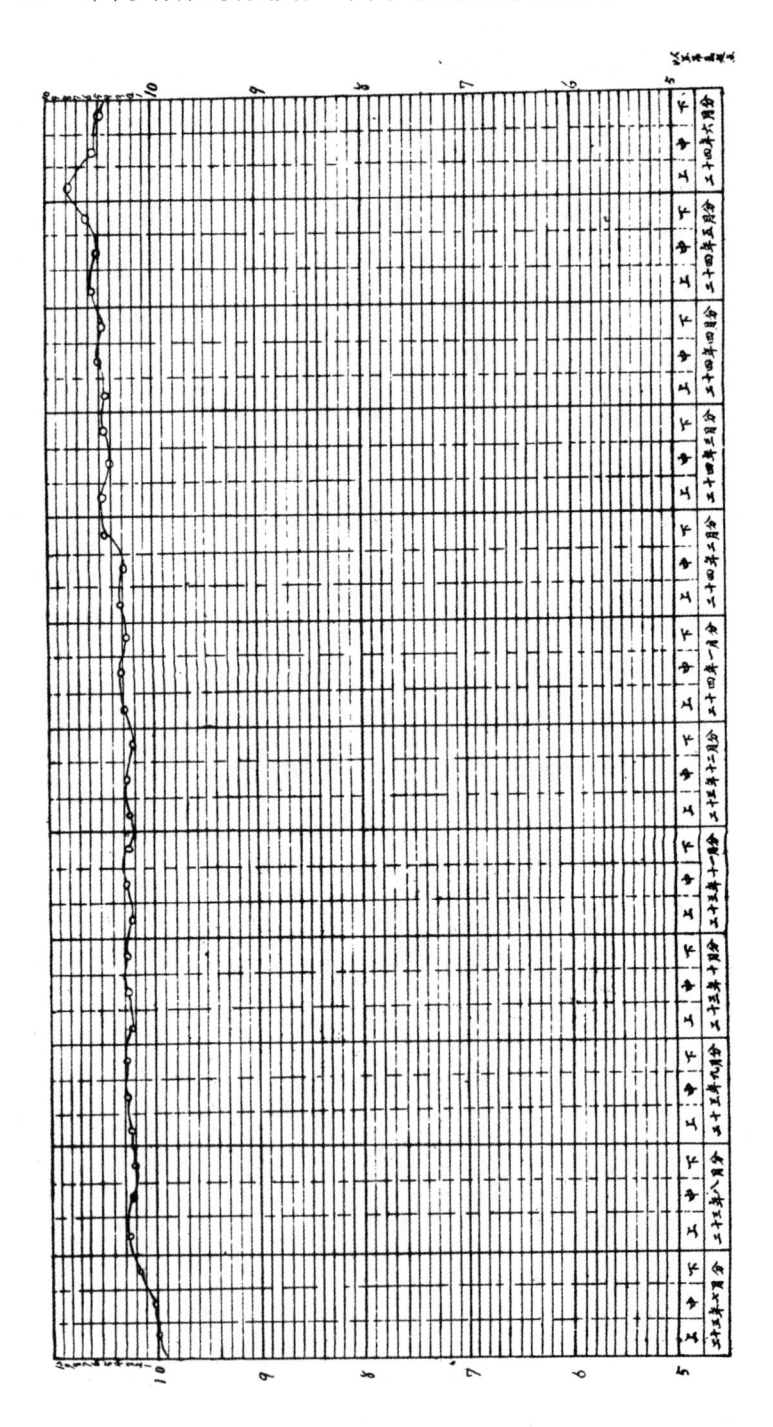

邹平实验县二十三年度市面铜子换银圆数目比较涨落表

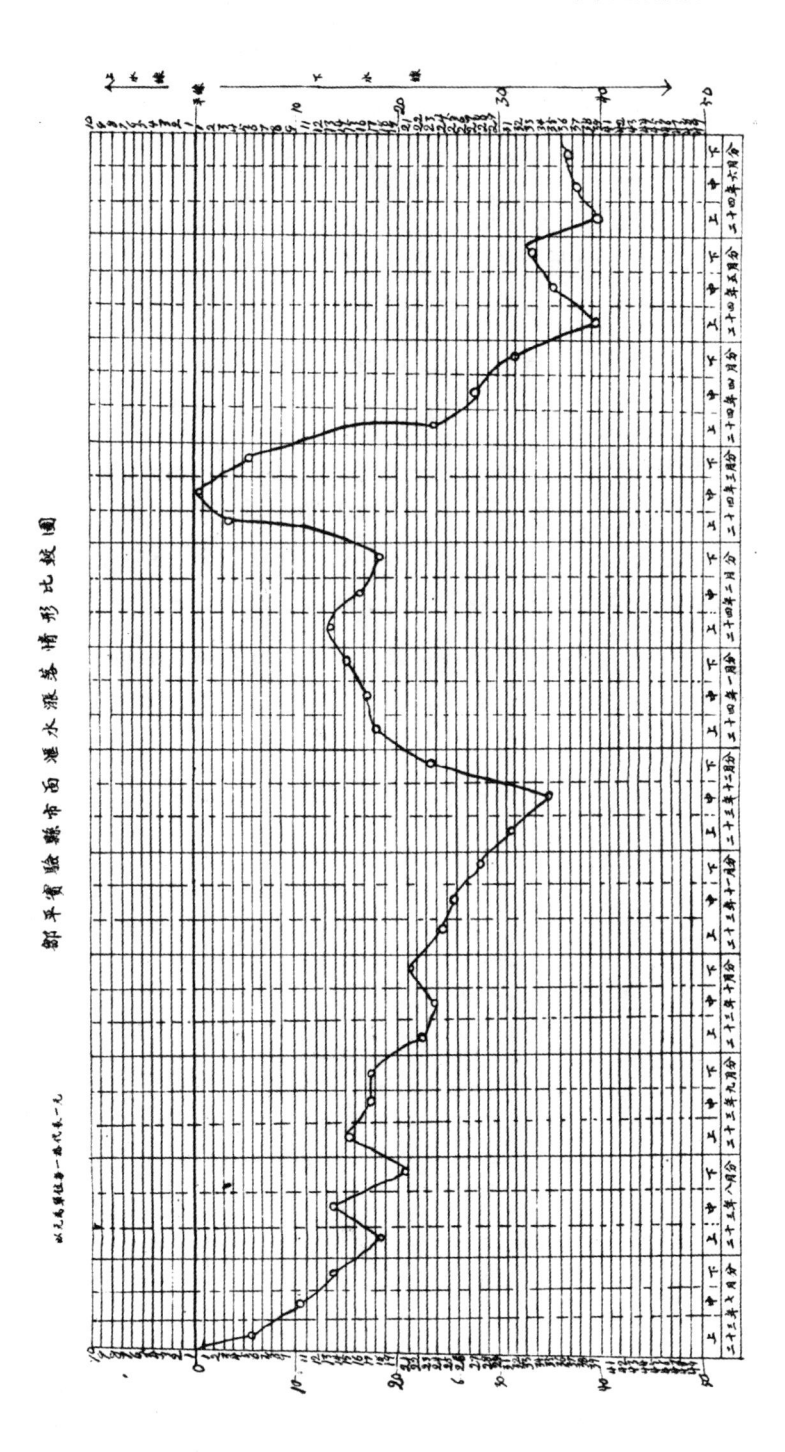

邹平实验县县市面进水涨落情形比较图

欠甲商一万五千元，甲乙丙三家互相抹兑，结果为丙商欠甲商五千元。是甲商有五千元之债权，丙商有五千元之债务，丙商对甲商所欠之五千元，按行市付给折息，即名曰抹息。

（8）利息——流通处放款，以农村放款为限，以低利息为原则，所以规定利息最高不得超过一分五厘。是以市面上利息上涨时，流通处亦不能涨至一分五厘以上，惟市面利息下落时则亦须随之下落。似此情形，每年预算应收利息，颇难如数符合。上年十一月间，行息涨至二分二厘，流通处仍为一分五厘放款；本年一月间行息回低至四厘上下，流通亦无法放至五厘以外。按流通处预算，无论农户、商户、合作社，平均利息要在一分以上，颇能维持开支。自下年度起，流通处放款除各乡信用合作社，农户贷款仍按照一定之利率外；其余商户贷款，其他贷款，仍随行市起息。是否可行，尚待董事会之议决。兹就民国二十三年度，流通处放款利息与钱庄、商号放款之利息，作一比较，列表如下，亦可作市面金融情形之一观察。

一 邹平金融概况　171

邹平實驗縣市面利息興流通建設放利息比較表

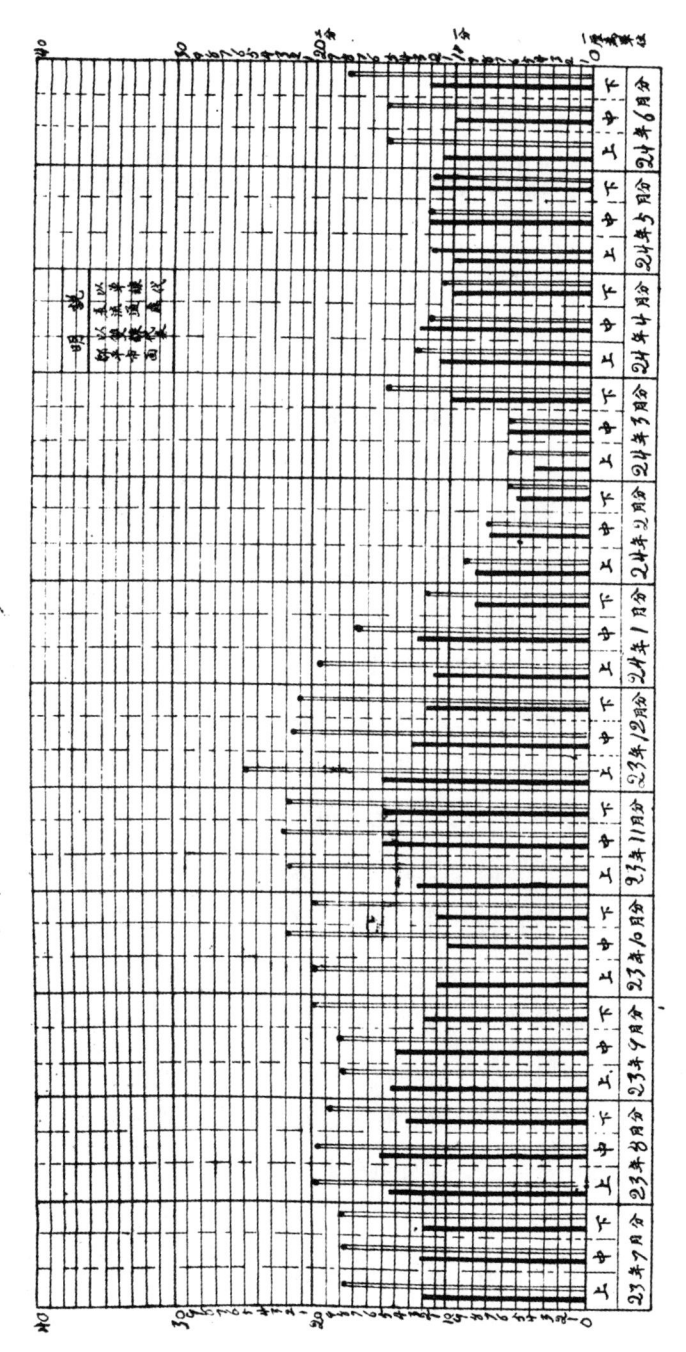

## 二 邹平县农村金融流通处之设立

### a 设立的沿革及意义

沿革——本处创立于民国二十二年八月,初由县府第三科郝科长宝书兼理其事。因无资金未能向农村放款,其业务亦只限于经征赋税为单纯之县金库,其开支即由征收费项下报销。至二十三年十月,梁院长以邹平各种合作事业,日见发达,急需金融机关之资助,乃令县政府将本处扩充;并经县府议定于三年内分期筹资十万元,第一年拨给三万元,连同二十二年利益金一千七百零二元七角六分,计三万一千七百零二元七角六分。

意义——本处设立之意义:狭义的,不外吸收都市资金,调剂农村金融,资助各种合作,推进一切建设;广义的,则有如下之五点:

(1) 免除征收处侵蚀挪用之弊:各县征收人员均保管现款,在征起未解之时,最易挪用公款以图私利,因而发生侵蚀之弊,每届征收扫解之期,征收处往往呈恐慌之象。本处成立后,将征收与保管现金之职务分离,即可避免此弊。

(2) 减少教育建设等基金之损失:邹平教育及建设基金,以前多存钱庄商号生息,或由士绅保管,不仅不能将此项资金流入农村,而且往往因私人信用不健全之故,损及公款。本处成立后,负责保管以上各项基金,自可合理运用减少意外损失。

(3) 加大货币流通速率,减少农村资金缺乏痛苦:邹平因距周村甚近，一切商业，均为周村所吸收。故邹平全境，商业经济，极不发达，因一面现金亦不足用。域内虽有银号数家，而放款利率甚高，不能顾及农村民众之痛苦；若禁止高利，则农村金融更易立陷停滞状况。本处成立后，作为全县金融汇划总枢，运用保管之公款，加大货币流通之速率，随时控制金融情况，压低市面利率，自能减少农村资金缺乏之痛苦。

（4）减少高利贷之剥削，增进农村生产与运销之机能：邹平农民负债者居大多数，一切农产品，多被高利贷者所操纵，每年麦、秋二季，农民以低价粜粮而还高利借入之债。本处成立后，以低利贷款，一而供给农民与合作社的资金，同时即期以合作社之作用，进而促进农村生产与运销之机能。

（5）增进人民与政府之关系：人民不关心政治之原因，多由于政府向来与人民隔阂之故。欲使人民关心政治，须使人民与政府发生经济关系。本处成立后，可以从放款及指导人民经济活动之作用中，得到人民对于政府之信任，借便乡村事业之改进及一切政令之推行。

## b 性质与组织

性质——本处包含有农民银行、商业银行及县金库之三种性质，而其根本主旨则在于注重公益而非营利。

（1）经营农民银行的业务：本处贷款各信用合作社或农户时，不用任何担保抵押，只好严密考察用途，务使其用在生产方面；如凿井贷款、购买耕牛家畜贷款、购买肥料种籽贷款。以上各种贷款期限较长，其最长有至二年者，月息不过八厘一毫左右。此点颇近于农民银行的性质。

（2）应用商业银行的手段：本处的固定资金，大概完全放于农村救济生产。其余所收各种存款，除定期存款之一部亦可放给各信用合作社外，如短期存款、暂时存款，为准备存户临时的支取，不便放给农村。有时放给商号作为活期生息，或存于各大银行找日利，作为往来透支，或做外埠汇兑。此点颇近商业银行的性质。

（3）经理县金库：所有赋税，悉由本处征解保管，县地方教育建设各项基金，亦由本处保管，并由本处经发县属各机关各学校经费。此点是代理县金库之职务。

组织——本处于民国二十二年八月成立，二十三年十月奉令改组，遵照章程第六、七、八三条之规定，采用银行组织制度，设有董事会、监察员。惟董事监察员之产生与普通银行不同，董事由邹平各乡学学长中聘任七人，由商界中聘任二人；县府四、五两科科长为当然董事。监察员由各乡理事中聘任三人；县府第三科长为当然监察员。经理由县长提出人选经董事会通过任用。经理以下暂分三股：一为出纳股，一为会计股，一为业务股。每股设主任一人，股员二人；惟业务股事务繁杂，多添股员二人。兹将本处组织系统列表于下：

附本处组织简章——

**修正农村金融流通处简章**

第一条 本县为调济农村金融、减轻农村利率，推进本县建设事业，设立农村金融流通处。

第二条 金融流通处为本县地方公立机关，设于邹平城内。于必要时，得酌设代理处于本县农民交易繁盛之地。

第三条 金融流通处资本金定为十万元，由县政府先拨足三万元，开始营业；其余在三年内陆续筹集。

第四条 金融流通处之营业范围如下：

（甲）经收各种存款及储蓄 （乙）经营农村各种放款 （丙）保管本县各机关各团体之基金与财产 （丁）经管农产品买卖后之拨兑 （戊）经营与农产品有关之期票或证券 （己）经营仓库事业 （庚）代理收付款项 （辛）经营其他经董事会议决之金融业务

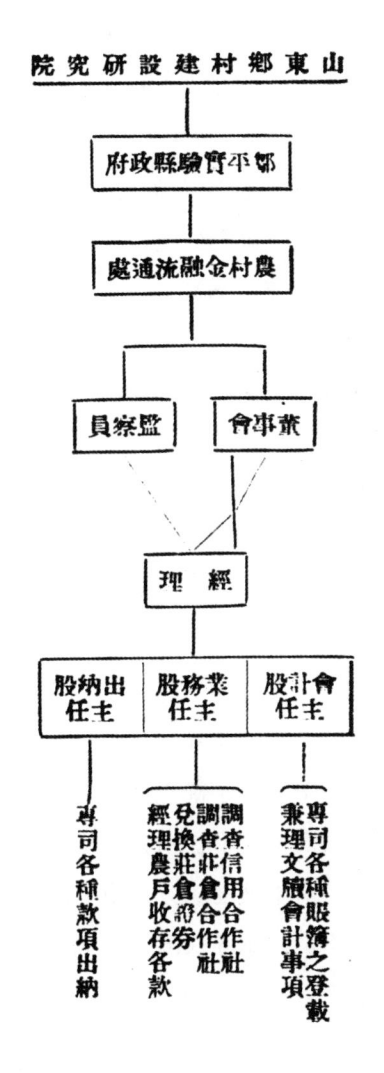

```
            山東鄉村建設研究院
                    │
              鄒平實驗縣政府
                    │
              農村金融流通處
                    │
          ┌─────────┴─────────┐
       監察員              董事會
                    │
                   經理
                    │
       ┌────────────┼────────────┐
    出納股         營業股         會計股
    主任          主任           主任
       │            │             │
    專司各種      調查信用      專司各種
    款項出納      合作社        賬簿之登載
               兌換莊倉券      兼理文牘
               經理農戶收存各款  會計事項
```

第五条　金融流通处得受县政府之委托经理县库及募集偿还公债事务。

第六条　金融流通处设董事会及监察员，监理业务；其规程另定之。

第七条　金融流通处置经理一人，总理全处事务；由县长提出相当人选，经董事会通过任用之。任期三年，得连举连任。

第八条　金融流通处于经理下分设营业、出纳二股，各设主任一人，由经理商承董事会任用之。

第九条　金融流通处每三月结算一次，每年十二月终为总决算期；应编具下列表册书类交由董事会及监察员核定呈报县政府备案。

（甲）财产目录　（乙）资产负债表　（丙）营业报告书
（丁）损益计算书　（戊）盈余分配表

第十条　金融流通处年终结算有盈余时，以十二成计算：五成为本县建设之用，四成为公积金，三成为处内人员之奖励金。

第十一条　本简章由县政府呈请山东乡村建设研究院核准后施行。

本处董事会，有董事十一人：县政府四五科长二人，及各乡乡学学长七人、地方商业人才二人，均由县政府聘任；就各董事中，互推董事长一人，主持会务。开会日期，每三月一次，审察决定本处之业务；董事任期为三年。

本处监察员有四人：县政府第三科科长，及乡理事三人，均由县政府聘任。监察员性质，系单独行使职权，不必待其他监察员之同意；若遇本处在营业上有不正确之情事发生，违反本处规章之情事，随时得行使其职权。监察员任期为一年。

董事会、监察员，对本处之业务，均不得以私人担保贷款，或有拖欠；董事会、监察员的职务权限等，均于本处董事会、监察员规程上列举。兹摘录于下：

**农村金融流通处董事会监察员规程**

第一条　本规程依据邹平县农村金融流通处简章第六条规定之。

第二条　农村金融流通处董事会，以下列董事十一人组织之。

（一）本县县政府第四科长、第五科长为当然董事　（二）由本县县政府于各乡学长中聘任七人　（三）由本县县政府于本县具有商业经验之绅耆中聘任二人

第三条　董事会设候补董事七人，由本县县政府，于各乡学学

长中聘任之。遇有董事缺额递补。

第四条　董事会设董事长一人，由各董事互推之，主持本会会务。

第五条　董事会之职务如下：

（甲）本处业务方针之审定　（乙）本处预算决算之审定（丙）各项规章之审定　（丁）决定各代理处之设立及废止（戊）经理人选之通过

第六条　董事会每三月开会一次，审查本处之结算。

第七条　聘任董事任期三年，得连聘连任。

第八条　金融流通处设监察员五人，除本县县政府第二科长、第三科长为当然监察员外，其余三人，由县长于各乡理事中聘任之。聘任监察员之任期为一年。

第九条　监察员之职权如下：

（甲）本处账目之稽核　（乙）库存数目之检查　（丙）本处预算决算之审核　（丁）本处人员有不良嗜好者之检举

第十条　监察员得单独行使职权，不必待其他监察员之同意。

第十一条　金融流通处有为下列营业之情事时，监察员得纠正之。

（甲）贪图高利有违调剂农村金融之本旨，或不顾资本金之危险者　（乙）牵于情面为长期之贷放，不为发展之经营者。

第十二条　董事及监察员俱不得在本处为私人担保借款，或自有拖欠。

第十三条　本规程由县政府呈请山东乡村建设研究院核准后施行。

## c 业务、会计及簿记样式

业务——本处组织的性质，既非营利的机关，那么，本处之业务经营，自当以公益为目的，扶助农村事业之发展，以促进乡村建设之进行。观本处业务方针计划书，可以悉其底蕴也。

**农村金融流通处业务方针计划书**

农村金融流通处，非纯然营利机关，再非纯然慈善机关，实欲寓教导于资助之中，使人民重信义知互助之机关也。故其业务是以减低农村贷借利率为主；然注意之点，尤以提倡农村信用合作为要。而提倡农村信用合作，非只为贷款便利而已也；实欲因此为人民团体行动之练习、信用互助之方法。故主其事者决不仅以放款收款为尽职，必有启发社会道德，弥补社会缺憾之深心而始可。夫金钱者，人民最易起争端，亦最易起奢风之因子也。设奖励信用之法，依协助生产之道，以为运用款项保持款项之计，固为此新机关之要图；而留意人民金钱之争端、奢风之起因，曲为调解，善为移转，亦实此新机关不容漠视之事。再则凡民可与乐成，难与图始。乡间各部分之公益事业，乡人之善者，未必无提倡之心，而开始无底垫之款实为一大难关。虽曰琐务所需为数无多，而此无多之数亦为乡人所甚难。凡百善事之动机因此而消减者不知凡几。间有热心过人，又自有底垫之力，而先自破费者；然破费之后，或又受人之猜疑，而反生障碍，此死气沈沈之社会所由成也。金融流通处人员不但应深入民间，深入民间之后于此等事机尤不可忽过。必须酌其情势，与以方便，鼓其生气，助之成就，此非故惊分外之事也；得人民爱护，不忍相负之道实在于此，而亦公立金融机关应有之事，尤其新式金融机关所亟应知者也。

至贷款收款固不应以私人情谊为主，尤不应以官府势力为先。须以公共周转环流之利益，使共知觉、共爱护为要；而款固定于一方，债迫人于绝地，尤应力避。对负债过多势将破产者代为减利偿还之先导与筹划，使之有以自勉，而不陷于绝境，此亦维持金融消弥风潮不使扩大之道也。苟知其险以为与己无干而任之倒，或急收己款以迫之倒，此皆为公立金融机关不明其职责之动作。而鄙视农民不能吸聚其零散之资以成用，亦不能使其有贮蓄之便以俭用，亦皆公立金融机关未尽其职责之缺憾。今万国贮蓄会在我国吸聚资金之多，识者共知。故本年全国财政会议马寅初先生特提议取缔其事；然不自为建设，而但思取缔人者，尚非促经济进步之道也。故今日关于此类之经济建设实为要务，而公营之经济机关于此尤应知所从事。

贷款农村，直接助农事之生产固为最要；而农暇临时合伙之小商贩及消费合作等，与以短期之通融贷借亦未始不可。必有一要点：即通融结果，其金钱周转于农村而加广土货之推销乎？抑直入市场而加洋货之推销乎？不可不为慎审。必先审其有推销土货、提倡国货之信念而后始可与通融。使倡用国货之宣传在前，推广国货之小贩即在后，而后此通融方可为有意义之通融也。

以上为流通处业务人员应知应守之方针，不能与普通商家相同者。我国公立之金融机关虽多忽此要务；然实验县之农村金融流通处于此似不能不特加注意焉。

此外金融流通处本体之组织与建设方在演进之中，未敢自谓为健全。如粮栈信托所等，固亦知为辅佐金融业在贷款者应有之设备；然基本人员训练未成之时，实不敢同时并举，故亦只可为计划准备而已耳。今试将其分期进行之计划略举如下：

第一期——努力于信用合作社之促成鉴别，引导纠正。访求醇朴勤劳农民，予以贮蓄之方便奖励，使成贮蓄会或临时之消费合作，以奖进俭风而倡用国货。而施业之地，对小学教员，尤应加意往还。

第二期——为粮栈之筹备。访求端谨诚实素有粮米经验之商家，与之协商，为新式粮栈之经营，或合办，或自办，以含有常平仓之意义为主。

第三期——设置完善之保藏库以备人为重要物之信托、保存，而收信托之费。此亦居城中为金融业者不劳而获之事应有之务也。不过能否广受信托，亦全在素日积成之信用如何。设备殊不大难，章程则须预为宣传。

再旧日当业本为人周急之便利机关，投资之稳确事务。在社会寄当借当之事久已风行，为用尤宏。向时虽苦利率过高，然若以低利行之，则自可具其长而去其短。在法国当业本为小商贩资金供给之所，有贫民贷本之便利，而无其流弊。流通处此后似亦当有贫民贷本之设置，而于此实宜采取中西之长，预为筹划。

以上为业务方针之理论与计划。而进行之法尤有最重者二端：（一）训练处员俾了解此理，热心此事，觉所事为赋有新义之业务，毅力前进，共创新法。（二）留心于淳谨勤苦，曾经从事粮业当业之人，与之往来，试以事务，以备为第二、三期事业之用。

于上述工夫，能竭力下到，然后事业始可有水到渠成，而无泛滥之虑。此小小之经济建设，亦始可望达完成之域，奏相当之效焉。

本处业务经营的种类，主要的是乡村事业的放款，其次为各机关团体等的存款，以及经营各种款项的收支等。兹分述于下。

（一）乡村放款——

甲　信用合作社放款：各信用合作社于民国二十三年十月本处改组以后开始组织。关于指导、宣传、合作、教育方面，由研究院乡村工作人员训练部下乡实习同学担任；考核立案方面，由县政府第四科担任；调查社员之信用，监督社员贷款之用途，由本处担任。截至是年度低，本处对于合作社之放款，总计共约七千元。

乙　庄仓合作社放款：庄仓合作社，于民国二十二年秋季举办，由县政府拟定办法，督催各乡进行，共计组织庄仓社五十余处，贷款共计三千余元（贷款办法手续等，见本报告第四章庄仓合作社之举办）。

丙　特种放款：本处为救济农村之现状，而特种放款为不容已之举。以近年来农产物价低落，农家收入减少，累年所集，形成农家的债台高筑。救济之方，惟有以低利贷之款，扶助其整理旧债，俾便徐图恢复。惟经营此种贷款，非有长久之时期，不能收相当之效果。自施行以来，结至现在共贷出整理旧债之款七千余元，计四十余户。兹附其规则于后：

**农村金融流通处整理旧债贷借规则**

一、整理旧债之借款，须依本规则为贷付。

二、整理旧债之借款，须查明旧债发生之原由，并审其正当与否，以为贷否之定夺。

三、整理旧债之借款，须全数偿还本金，不得作填付利息或其他消耗之用；并须将抽回之旧约据，呈本处验明注销。

四、整理旧债之借款，借款人有下列情事之一者，得对之拒绝告借——

（甲）有烟赌嗜好之嫌疑者　（乙）有游惰习气者　（丙）有奢侈习气者　（丁）不能约束其家人者　（戊）旧债发生之原因不明确及用之不正当者　（己）旧债过多无彻底整理之计划者

五、整理旧债之借款，其旧债确系因下列事故发生，并能切实证明者，得依照较低利率为贷与——

（甲）因本身或其家属之疾病纠缠而发生者　（乙）因救助亲邻之急难困迫而发生者

六、整理旧债之借款须于二十日前报明欲借数目，及保还人姓名，经查明与本规则无不合时，即与许可通知，按章贷付。

七、整理旧债之借款额数与期限，照本处普通贷款之规则办理。

八、整理旧债之借款于第四条前三项所列，查不明确时，得令借款人所住庄之庄长、学董，再加具确系勤劳并无上列不正习气之保证书，始可贷付。

九、整理旧债之借款，在五十元以上时，除依章具保还人外，并须有节俭之生活之保证人加具保证书，俾此后实行节约，以渐减少债累。

十、节俭生活保证书，须由债务人所在村之学董、庄长，及素有节俭生活之声闻者填具盖章，与借款字据一同交给本处。

十一、凡具保证书之人，于所保证者发见有不能遵依情事时，须切实劝告；不听时即须通知本处，声明不再保证。

十二、凡具保证书之人，遇有前项情事，不履行所定程序时，本处除在信用程度表填入等次公布外，并须停止其此后在本处借贷或保证。

说明　人当富裕无求人之必要时，凡事每轻易看过，漫不致思；故对之进言，当言之谆谆，而听之藐藐，甚且反致嫌厌。惟当穷迫不能不求人时，于事始易发感想、易致深思；此时若有良言，入之自易。若与以援助，使其信真有为我之心；则规劝之言，入之自更易深。此施行善教之机，而人民结合之媒也。本规则于人民告借时，当令多求保证人，或加具保证书者，非但欲债权之确实，亦实欲树施教之机缘耳。盖金融流通处，不能显然自当教化之责，只可加以暗示；而能为适当之教化者，即系立于第三者地位之保证人也。保证人此时，若有教导之责任心，则所言所劝，彼必不视为多事，而事半功倍之教育功效亦应乎可期。此本规则常令其加具保证人保证书之意义也。而礼遇保证人，唤起其劝人教人之心，此又在流通处人员之致诚致教，亦实在教育人员，能认此为播教之良媒，而时加启诱。盖此等与人保账之人，每为富于群性之人，人民需用之处甚多；用为社会教育媒介，随时有施展之可能也。

今政治趋势，于改良监狱，教诲罪犯，咸认为要举，每不惜破费为之；然于罪恶酝酿之初，不为设计消弥，而于罪恶既成之后，始为待遇改良，岂非失算！故于人易发愤怨将入俭途之时，而令其有善导之人，为之善导，此亦社会教育深入之门，社会教育减少之计也。故对债务压迫者，而作整理之时，固不可只以减轻一时之担负已足也；惩前毖后之计，尤为必要。若漫然贷予，减轻其不正之债，而任其纵酒欲，畅烟瘾，则吾人亦何苦为此，而加深其恶习哉！此所以于整理旧债之借款，不能不充分慎审，而手续更不厌烦多也。

**农村金融流通处存款规则**

一、本处存款分为定期活期往来三种。

二、定期分为三月六月一年三种，利息参照存入时市面情形，及期之长短酌定。

三、活期存款，存款满足一千元，并订明于支取前二十日通知者，亦按市面情形酌为起息。

四、活期存款在支用之月，所支用之部分概不起息。

五、往来存款，随时支用者，概不起息。

六、存款人初次存款时，须在本处所备之存款单填写何种存款，并加盖图记，以便取款时对照。

七、存款人由本处给予之存约或存折，须严密保存，取款时即用为凭照。

八、存款人图记存折如有遗失时，须即日报明本处挂记失号，并须在县府旬刊声明作废。

九、存款人之图记存折，如有盗取窃用等情事时，其发生之损害由存款人负担。


**金融流通处奖励贮蓄规则**

一、本处为提倡人民节俭聚集社会零资起见，因设奖励贮蓄规则，以奖励贮蓄。

二、本处贮蓄分为随时贮蓄、按期贮蓄、特别贮蓄，三种。

三、随时贮蓄，从贮蓄之下周起息，从支出贮款之周止息；满六个月结算一次，所生之息，即滚入原本贮蓄。款最多以三百元为限；过三百元者，即按存款规则办理。

四、随时贮蓄利息按照贮蓄时市面利率情形酌定。

五、按期贮蓄，分为按月贮蓄、按季贮蓄，二种。

六、按月贮蓄，自一角起至五元止，每月贮一定之数，以四个月为一结算期；起息止息与利息滚入原本之法与随时贮蓄同。

七、按季贮蓄，自一元起至十元止，以满三季为一结算期；起息止息与利息滚入原本之法与前项同。

八、按期贮蓄，得比照市面通常存款利率酌为提高。

九、按期贮蓄，三年不间断者，除利息外，本处当在公积金项下，酌提奖励金以为奖励。

十、特别贮蓄分为下之六种：

（甲）备婚贮蓄——不论男女从生后弥月时起贮银一元者，至十八岁结婚时可取本息十二元；贮三元者可取二十四元；多则类推。若一岁以后贮者，每增一岁每元须增贮三角；依约期结婚时方可取得十二元之数。

（乙）备学贮蓄——不论男女从生后弥月时起贮银一元者，至满十岁读书时，每年可支取书费一元，五年为满，即贮一元者可共取五元；贮二元者可共取十元；多则递推。若二三岁贮时，其递加法与前项同。若十三四岁停学时，即不得续支。

（丙）养老贮金——不论男女从四十岁起贮一元者，至六十后每年可取二元，以十年为尽，即可共取二十元；至七十后每年可取三元，亦以十年为尽；多贮时照前递推。若取之未尽而归老时，本年可按照每年应取之数加倍给付一次，即可完结。

前项贮蓄若在四十以后贮蓄者，每增一岁照前例每元须增加三角，始得照享权利。

（丁）防灾贮蓄——即凡贮蓄一元，满五年后遇有水旱霜雹损折田禾，以及本身失偶牛马伤亡等灾害时，经其庄长证明，除可取其贮金本息二元外，并得加一倍在本处低息告借，分年归还；若贮满十年者，除取其本息四元外，并得在本处加二倍低息告借，分年归还。贮二元者，照例递进。满十五年时，每一年得取其本息十元，即告一结束。

（戊）建设贮蓄——即贮蓄一元满五年后，如欲修房、修地、添购农具时，除得取其本息二元外，并可在本处低息告借；额数还期由本处临时酌定。最后结束与前项同。

（己）喜庆纪念贮蓄——即生子、结婚、祝寿以及各种义举，欲永留纪念而资尚不敷之贮蓄。即贮蓄一元满六年后，欲作纪念之建设或购置时，除取其本息二元外，并得在本处告借，以资助成；息率还期由本处酌定。满十二年后，除其本息五元外，加借办法同前。最后结束，亦同于前项。

十一、以上六项特种贮蓄未到支取之期，而欲支取时，只可取还原本，即算终结，概不给付利息。

十二、以上六项特种贮蓄，每户贮本最多以十元为限。

十三、随时储蓄，定期储蓄，由本处发给折据；特种贮蓄，由本处发给证券。取款时即以此为证。

十四、折据证券若有遗失时，除在本处挂失号外，并须登报声明作废。经二周后，始得另为补给。

十五、本规则由董事会通过并在县府存案后施行。

（一）经收各项公款——计为省地方丁漕税年计十四万一千四百余元，地方附捐七万九千五百六十余元，酒税二千余元，牙税二千余元，契税一万余元。又教育基金三万余元，建设基金一万余元，账款、贷济款、县仓存款三项计五千余元。总计邹平公款每年征存在四十万上下。此项公款，概不付给存息，作为本处作农村贷款之用。

（二）经理各团体机关个人之存款——本处的经营维持，亦不全靠资金，及县政府的收支款项；亦赖经营存款，以维持本处经营的力量。惟以最初经营尚未得社会信赖，加以在乡各事业机关成立期间均甚短缩；故此项业务，尚不发达。现本处正在尽力提倡，将来亦有发展的可能。兹将本处存款规则奖励贮蓄办法列后：

本处又拟组织乡村建设贮蓄社之办法，奖励推行乡村建设事业之贮蓄。邹平居住者为合格；以贮蓄互助之道，助社员改良住宅，开凿水井，及购置一切助生产之工具用品等。社的组织，以十人以上，二十人以下为适宜，选举社长副社长各一人，负责社务。每年至少贮蓄二次，于二八月中举行；贮款由发起人公定。其组织适合者，本处当尽力扶助。此种办法略与我国旧有之刘伯温会相同，而加以改正,半周缓急,半奖贮蓄之意。如经营得法,亦一至上提倡贮蓄之道;惟今尚未实行。将来农村组织略有基础,再详订办法,在乡村实有发达的可能。

(三)代兑庄仓合作社庄仓证券——民国二十二年邹平粮价低落,食粮滞销,农村金融奇紧;王县长柄程乃倡办庄仓合作社,劝令农民按其田地之多寡比率积谷。各乡庄仓均成立保管委员会,按照备荒及调剂粮价活动金融之目的,负责经理。复为活用存款及增加资金起见,乃按谷价发行庄仓证券,即以庄仓存谷为抵押,由本处代理兑换,而便流通。至二十三年粮价飞涨,各乡庄仓多自动卖粮,不发庄仓证券。现拟注重粮食抵押贷款,将各社逐渐改成农业仓库合作社,由农民自动提供粮食按时价折贷现金;俟卖出后,再归还贷款。比较发行庄仓证券更为便利稳当。

会计及簿记:本处自成立之初,系用旧式账簿。于二十四年一月起,始改用新式银行簿记。惟因营业简单,科目太少,仍沿用旧日记账、分录账、分户账。计算则有资产负债表、月计表、财产目录、器具凭价表。总账科目,暂分为十五目,兹列于下:

|  | 会计科目 |  |
| --- | --- | --- |
|  | 1. 资金 |  |
|  | 2. 利益金 |  |
|  | 3. 公积金 |  |
|  | 4. 利息 |  |
|  | 5. 营业用具 |  |
|  | 6. 开支 |  |
|  | 7. 往来存款 |  |
|  | 8. 特别往来存款 |  |
|  | 9. 暂时存款 |  |
|  | 10. 定期存款 |  |
|  | 11. 合作社放款 |  |
|  | 12. 农户放款 |  |
|  | 13. 商户暂时放款 |  |
|  | 14. 存出金 |  |
|  | 15. 外借 |  |

**传票及账簿图样**

### 农村金融流通处传票样式

（贷）　　中华民国　　　　年　　　月　　　日

邹平农村金融流通处收入传票

| 摘要 | 金额 |
|---|---|
|  |  |
|  |  |

记账员
收款员
制票员

经理　　　　会计　　　　营业

（借）　　中华民国　　　　年　　　月　　　日

邹平农村金融流通处付出传票

| 摘要 | 金额 |
|---|---|
|  |  |
|  |  |

记账员
付款员
制票员

经理　　　　会计　　　　营业

（借）　　中华民国　　　　年　　　月　　　日（贷）

邹平农村金融流通处转账传票

| 摘要 | 金额 | 摘要 | 金额 |
|---|---|---|---|
|  |  |  |  |
|  |  |  |  |

记账员
制票员

经理　　　　会计　　　　营业

## 日记账

| (借方) | | | | | | | 民国 | | 年 | 月 | 日 | (贷方) | |
|---|---|---|---|---|---|---|---|---|---|---|---|---|---|
| 传票号数 | 转账摘要 | 摘要 | 总账页 | 转账 | 现金 | 合计 | 传票号数 | 转账摘要 | 摘要 | 总账页 | 转账 | 现金 | 合计 |
| | | | | | | | | | | | | | |

## 分户账　　　　　　分录账

| 民国年 | 摘要 | 借方 | 贷方 | 利息 | 贷或借 | 余额 | 民国年 | 摘要 | 日记账页 | 借方 | 贷方 | 贷或借 | 余额 |
|---|---|---|---|---|---|---|---|---|---|---|---|---|---|
| | | | | | | | | | | | | | |

又本处的结算，按章规定于每年终结算一次。惟因经管地方临时经常费各项征解开支，都依年度结束；——年终结算殊难划清款目。故于二十四年一月开第三次董事会议，议决于本年年度终了时大结算一次。附结算表格及收支结算于下：

23 年度　　　　　　　财产分录表
24. 6. 30

| 借方 | | 科目 | 贷方 | |
|---|---|---|---|---|
| 科目合计 | 金额 | | 科目合计 | 金额 |
| | | 负债之部 | | |
| | | (资本金) | 30000000 | 30000000 |

续表

| 借　方 | | 科　目 | 贷　方 | |
|---|---|---|---|---|
| 科目合计 | 金额 | | 科目合计 | 金额 |
| | | （定期存款） | | 2059550 |
| | | 麻丝款 | 741550 | |
| | | 立达学社 | 18000 | |
| | | 人名存款 | 1300000 | |
| | | （特别存款） | | 1292755 |
| | | 县　仓 | 911470 | |
| | | 二一拨款 | 381285 | |
| | | （暂时存款） | | 8869680 |
| | | 款产会 | 8681950 | |
| | | 联庄会 | 187730 | |
| | | （往来存款） | | 45437954 |
| | | 县政府 | 15067618 | |
| | | 第三科 | 2829506 | |
| | | 征收处 | 1492940 | |
| | | 研究院会计股 | 214000 | |
| | | 棉业社 | 354340 | |
| | | 放足罚金 | 13550 | |
| | | 庄仓证券 | 2400020 | 2400000 |
| | | 应付未付利息 | 54880 | 54880 |
| | | 前期损益 | 1762765 | 1702765 |
| | | 开充结余 | 116425 | 116425 |
| | | 利　息 | 3052555 | 3652555 |
| | | 资产之部 | | |
| 48774000 | | （放　款） | | |
| | 5870000 | 信用合作社 | | |
| | 1000000 | 庄仓合作社 | | |

续表

| 借方 | | 科 目 | 贷方 | |
|---|---|---|---|---|
| 科目合计 | 金额 | | 科目合计 | 金 额 |
| | 2400000 | 庄 仓 | | |
| | 22904000 | 农 民 | | |
| | 16600000 | 商 号 | | |
| 28130000 | | （存出金） | | |
| | 9130000 | 广济号 | | |
| | 3000000 | 广济社 | | |
| | 8000000 | 德庆银号 | | |
| | 4000000 | 普利油房 | | |
| | 3000000 | 恒升钱庆 | | |
| 76904000 | 75904000 | 以上合计续次页 | 94986564 | 94986564 |

| 借方 | | 科 目 | 贷方 | |
|---|---|---|---|---|
| 科目合计 | 金 额 | | 金 额 | 科目合计 |
| 76904000 | 75904000 | 接前页 | 94986564 | 94986564 |
| | 1000000 | 广利储蓄社 | | |
| 1534648 | | （往来存款） | | |
| | 344028 | 普济育婴堂 | | |
| | 790620 | 中国银行 | | |
| | 400000 | 农 场 | | |
| 1231000 | 1231000 | （外 借） | | |
| 497491 | 497491 | （营业用具） | | |
| 1563695 | 1563695 | （应收未收利息） | | |
| 2241000 | 2241000 | （开 支） | | |
| 31944 | 31944 | （器具折旧费） | | |
| 16983086 | 16983086 | （库存现金） | | |

续表

| 借方 | | 科目 | 贷方 | |
|---|---|---|---|---|
| 科目合计 | 金额 | | 科目合计 | 金额 |
| | | | | |
| | | | | |
| | | | | |
| | | | | |
| | | | | |
| | | | | |
| | | | | |
| | | | | |
| | | | | |
| | | | | |
| | | | | |
| | | | | |
| | | | | |
| | | | | |
| | | | | |
| | | | | |
| | | | | |
| | | | | |
| | | | | |
| | | | | |
| | | | | |
| | | | | |
| 9496564 | 94986564 | | 94987564 | 94986564 |

23 年度　　　　　　　　　业务状况计算表

24.6.30

| 借　方 | | 科　目 | 贷　方 | |
|---|---|---|---|---|
| 余　额 | 合　计 | | 余　额 | 合　计 |
| | | 负债之部 | | |
| | | 资　金 | 30000000 | 30000000 |
| | 33651880 | 定期存款 | 35711430 | 2059550 |
| | 7002000 | 特别存款 | 8294755 | 1292755 |
| | 22462090 | 暂时存款 | 31331770 | 8869680 |
| | 446665265 | 往来存款 | 490568571 | 43903306 |
| | | 庄仓证券 | 2400000 | 2400000 |
| | 888400 | 应付未付利息 | 943280 | 54880 |
| | | 前期损益 | 1702765 | 1702765 |
| | | 开支结余 | 116425 | 116425 |
| | 2339095 | 利　息 | 5391650 | 3052555 |
| | | 资产之部 | | |
| 48774000 | 82609000 | 放　款 | 33835000 | |
| 28130000 | 81959800 | 存出金 | 53829300 | |
| 1231000 | 17637070 | 外　借 | 16406070 | |
| 497191 | 529135 | 营业用具 | 31944 | |
| 1563695 | 1563695 | 应收未收利息 | | |
| 2241000 | 2459025 | 开　支 | 218025 | |
| 31944 | 31944 | 折　旧 | | |
| 10983086 | 1098306 | 库存现金 | | |

续表

| 借　方 | | 科　目 | 贷　方 | |
|---|---|---|---|---|
| 余　额 | 合　计 | | 余　额 | 合　计 |
| | | | | |
| | | | | |
| | | | | |
| | | | | |
| | | | | |
| | | | | |
| | | | | |
| | | | | |
| | | | | |
| | | | | |
| | | | | |
| | | | | |
| 93451916 | 710780985 | | 710780985 | 93451916 |

23 年度　　　　资产负债表

24. 6. 30

| 借　方 | 科　目 | 贷　方 |
|---|---|---|
| | 负债之部 | |
| | 资　金 | 30000000000 |
| | 定期存款 | 2059550 |
| | 特别存款 | 1292755 |
| | 暂时存款 | 8869680 |
| | 往来存款 | 43903306 |
| | 庄仓证券 | 2400000 |
| | 应付未付利息 | 54880 |

续表

| 借　方 | 科　目 | 贷　方 |
|---|---|---|
|  | 前期损益 | 1702765 |
|  | 开支结余 | 116425 |
|  | 利　息 | 3052555 |
|  | 资产之部 |  |
| 48774000 | 放　款 |  |
| 28130000 | 存出金 |  |
| 1231000 | 外　借 |  |
| 497190 | 营业用具 |  |
| 1563695 | 应收未收利息 |  |
| 2241000 | 开　支 |  |
| 31944 | 折旧费 |  |
| 10983086 | 库存现金 |  |
| 93451916 |  | 93451916 |

## 损　益　表

民国 23 年度　　　　　　　　24. 6. 30

| 损　失 | 科　目 | 利　益 |
|---|---|---|
|  | 损失之部 |  |
| 1476000 | 薪　工 |  |
| 360000 | 办 公 费 |  |
| 135000 | 作 业 费 |  |
| 270000 | 杂　费 |  |
| 31944 | 器具折损费 |  |
|  | 利益之部 |  |
|  | 放款生息 | 3052555 |
| 779611 | 本年度统利益 |  |
|  |  |  |
|  |  |  |
| 3052555 |  | 3052555 |

## 纯益分配表

民国 23 年度　　　　　　　　24. 6. 30

| 摘　要 | 纯益额 | 分配额 |
|---|---|---|
| 民国二十三年十月至二十四年六月底纯益 | 779611 |  |
| 县地方应提五成 |  | 324838 |
| 四成公积金 |  | 259870 |
| 三成奖励金 |  | 194903 |
| 合　计 | 779611 | 779611 |
| 按本处修正简章第十条之规定分配如表数 |  |  |
|  |  |  |
| 经理　会计　监察员 |  |  |

## 器具凭价表
24. 6. 30

| 购置年月 | 品名 | 件数 | 原购价 | 前期折损 | 本年折损 | 实价 |
|---|---|---|---|---|---|---|
| 22.8 | 漆搁几杌 | 4个 | | | | |
| | 漆拦几板 | 2条 | | | | |
| | 漆方桌 | 3张 | | | | |
| | 漆椅子 | 3对 | 118000 | 5900 | | 112100 |
| | 漆搁几板 | 1条 | | | | |
| | 靠椅 | 1对 | | | | |
| | 大铁柜 | 1个 | | | | |
| | 菜厨 | 1张 | | | | |
| | 漆搁几杌 | 2个 | 50000 | 2500 | | 47500 |
| | 坐钟 | 2架 | 10000 | 500 | 1000 | 8500 |
| | 床笆 | 2张 | 15600 | 780 | | 14820 |
| | 大洋炉 | 1个 | | | | |
| | 小洋炉 | 1个 | 8100 | 405 | 1000 | 6695 |
| | 大飞轮自行车 | 1辆 | 62000 | 3100 | 4000 | 54900 |
| | 床板 | 2付 | 3600 | | 360 | 3240 |
| 23.9 | 大飞轮自行车 | 1辆 | 46000 | | 4000 | 42000 |
| | 床板 | 3张 | | | | |
| | 床凳 | 2付 | 10000 | | 1000 | 9000 |
| 24.1 | 开窗门 | 2付 | | | | |
| | 风门 | 1对 | | | | |
| | 玻璃一方尺 | 16块 | | | | |
| | 窗牌板 | 2块 | 18215 | | 1822 | 16394 |
| | 洋铁火炉 | 1个 | 4000 | | 400 | 3600 |
| 24.1 | 连二木柜 | 1个 | 3000 | | 300 | 2700 |
| | 柜台 | 1座 | 24000 | | 2400 | 21600 |
| | 风雨沿 | 3个1连 | 17000 | | 1700 | 15300 |

续表

| 购置年月 | 品名 | 件数 | 原购价 | 前期折损 | 本年折损 | 实价 |
|---|---|---|---|---|---|---|
| | 电话匣 | 1个 | 73000 | | 7300 | 65700 |
| | 漆茶几 | 1对 | 13000 | | 1300 | 11700 |
| 24.1 | 漆条几 | 1张 | 6000 | | 600 | 5400 |
| | 木牌 | 1面 | 7500 | | 750 | 6750 |
| | 水缸 | 1对 | 1000 | | 100 | 900 |
| | 躺椅 | 3个 | 12540 | | 1254 | 11286 |
| | 漆椅子 | 1对 | 3800 | | 380 | 3420 |
| | 铁纱门 | 2对 | 6400 | | 640 | 5760 |
| | 铁纱窗 | 1对 | 3200 | | 320 | 2880 |
| | 床板 | 1付 | 2400 | | 240 | 2160 |
| | 2丈木杆 | 10条 | 7000 | | 700 | 6300 |
| | 磁洗脸盆 | 3个 | 1530 | | 153 | 1377 |
| | 铁盆架 | 2个 | 600 | | 060 | 540 |
| | 铁炒瓢 | 1个 | 300 | | 030 | 270 |
| | 木案板 | 1块 | 500 | | 050 | 450 |
| | 铜杓 | 1把 | 850 | | 085 | 765 |

续表

| 购置年月 | 品名 | 件数 | 原购价 | 前期折损 | 本年折损 | 实价 |
|---|---|---|---|---|---|---|
| | | | | | | |
| | | | | | | |
| | | | | | | |
| | | | | | | |
| | | | | | | |
| | | | | | | |
| | 合计 | | 529135 | 13185 | 31944 | 484007 |

## d 收支概况

收入之部：

流通处资金三万元，依一分计息，月收利洋三百元。又保管不动公款五千元，依一分计息，月收洋五十元。又吸收暂时存款一万元，存入中国银行作活期存款，依二厘一计息，月收二十一元。又保管各项税款，流通市面，短期计息，收洋五十八元。总计月收四百二十九元。

支出之部：

本处经常开支——本处现有资金三万元，按月利六厘计息，每月应支一百八十元；职员、学徒薪工，月支一百六十四元；一切办公费、杂费、作业费，月支八十五元；总计月支四百二十九元。

# 三 邹平农村信用合作社之推行

## a 农村信用合作社组织之要点

农村信用合作社,在现在几成为农村事业之中心;尤其对于农村金融方面,更是有最大之意义。邹平于金融上的建设,于农村中的基本组织,亦为农村信用合作社之推行。至于农村信用合作社组织之要点,约有下列三项:

(一)谋确立邹平之农村金融制度:将农村中散漫的金融活动,与以组织制度;外可接受金融机关之扶助,内可安定内部之金融组织,求共同互助金融制度之确立。互助便能自助;公共的利益,亦即个人的利益。以共同的利益着想,用互助合作的方法,求确实建立邹平的农村金融制度。

(二)以组织的力量,谋农村金融的自救:农村金融受都市资金的吸力,以及外间企业组织的吸力等,农村资金,天天的外流,这是很显然的现象。为农村生活的安定起见,必须先防止资金外溢,谋金融的自救。此种力量的到达,完全有赖于农村组织的力量。以农村共同的组织,集中金融的力量,扩展农村的事业,以防止农村资金的外流,是最有效的方法。

(三)以金融组织,为农村事业的中心活动:不但以组织的力量,求金融的自救,而有更积极的目的,在以金融的扶助,谋全村事业的发达,作为农村中的"中心活动",亦为最重要之点。在今日金融既成为事业的中心,那么,金融的合作社,在农村的活动上，当然也处于中心的地位了。把这中心使他坚固起来，农村事业的发达，也具有绝大的期望。

邹平组织合作金融，主要的用意点，是在这里。所以对于信用合作社的组织，社员的训练，进行的方法等，不能不谨慎从事。兹举其组织信用合作社的注意点，及信用合作社社员八要，分列于下：

信用合作社纲要须知（凡组织信用合作社者须注意以下各条）

一、信用合作社社员，每一社以十人以上，二十人以下为度；但自成立之日起，经过二年后得酌量增加社员。

二、信用合作社社员，既入此社者，不得再入他社。

三、信用合作社社员，须以有正当职业资产而无不正嗜好者为合格。

四、信用合作社社员，每一社员至少须任一股，至多不得过五股；每股银数二元。

五、信用合作社社员，须以本庄或附近本庄不过三里之住民，有地三官亩者为限。

六、合作社设立人，于约定会员后，应召集创立会，通过章程，选举理事、监事，于一个月内，向县府为成立之登记。应登记之事项，如下：

（一）名称 （二）业务 （三）责任 （四）社址 （五）理事监事之姓名年龄籍贯职务住所 （六）社股金额 （七）各社员所任之社股 （八）社员入社退社除名之规定 （九）关于社务执行及职员任免之规定 （十）保证责任合作社之社员其保证金额 （十一）定有解散事由时其事由

前项登记事项有变更时应于二十日内为变更之登记

**信用合作社社员八要**

一、以信用互相勉励，使个人与团体之信用日见昭著，为第一要。

二、以社员彼此有互周缓急，互相协助之情谊，为第二要。

三、以遇事协商服从多数意见，不强执己意，为第三要。

四、以各自努力贮蓄，不滥花费，为第四要。

五、对于职员，既要信用又须监督，既须监督又应体谅，为第五要。

六、选举职员须以能主持公道谨慎周密者为必要条件，为第六要。

七、社中规则及事务须常留意，应说之话即须早说；但说话时要注意礼貌与和平。是为第七要。

八、社员彼此间以能互相体谅，互相劝勉，为第八要。

（说明）成立一处信用合作社，便是成立一处成人学校。凡负有指导之责者，应不时巡回开谈话会，或送给小刊物。以上八要均宜为之解说，使之刻刻留意。

## b 信用合作社组织之方式

关于农村信用合作社组织的方式，大多数采用雷发巽氏信用合作之组织。其组织方式，采取无限责任制、小区域制、联合经营式等的原则。邹平信用合作社之组织，原则上亦采用此种组织方式，并参酌地方情形，而订定办法。兹分述要点如下：

（一）无限责任制：为其组织的巩固起见，取无限责任的组织，同对于合作社负无限责任，自必增加其社员的同情与关切之程度，亦可增加其组织上的力量。于此规定社员间之责任，施用于金融事业，自可有其金融的力量，而有一番起色。

（二）小区域制：为组织的严密与有效关系，组织的区域多采用小范围的组织，比较与其他合作社不同。以这个区域的限定，业务上的集中经营，于事业上的互助力量，均有莫大的关系。限定区域的一方式，亦有甚重大的意义所在。

（三）联合经营式：组织的方式，限定其为无限责任，又限定其小区域内；那么，其经营的规模，自然也就很小的。因为经营的规模小，就必须采用联合式的经营；又从小规模的互相信用，以至于大规模的信用组织，采联合组织方式，亦为其经营上的需要。

以此组织的方式而定信用合作社之推行办法。今附列章程一份，自可明悉此推行的注意点。

**邹平实验县第　乡　庄　信用合作社章程**

一、本社以共同勉励信用借贷生产上必要之资金，并鼓励节俭及储蓄为宗旨。

二、本社定名为第　乡　庄　信用合作社。

三、本社事务所附设于　庄门牌某号　家。

四、本社以社员　人组成之；对社中债务各负无限之责任。

五、本社设正理事一人，副理事兼会计一人，监事三人由社员公推；各以二年为一任期，期满另推。

六、本社于款项之借贷须招集社员全体会议，共同决定。

七、本社社员有欲中道退社者，须得本社多数社员及本社债权人之许可。

八、本社社员有不守信用及妨害本社名誉之事时，得由本社社员过半数同意，令理事妥为辞退；并限期清结其债务。

九、本社每年须将资产负债详细数目列表报告于各社员，并存留底簿以备考查。

十、本社社员不足七人时，即须于半年内清结债务，呈明县府宣告解散。

十一、本社社务在本社章未规定者，得适用国民政府公布之合作社法解决之。

**各乡信用合作社备案呈文式**

为呈送农村信用合作社章程及社员名册请登记由　附二件

案据　村村长　呈以该村于本年　月约定社员　人，发起组织信用合作社。当即于　月　日举行社员大会，通过章程，选举　为正理事，　为副理事，　等为监事；并将该社章程及社员名册缮送前来，恳转登记等情。据此，理合连同该社章程及社员名册各一份，一并备文转送

钧府县政府鉴核准予登记

计呈送　村信用合作社章程一份

社员名册一份

第　乡乡理事　○　○　○

中华民国　　年　　月　　日

平实验县第　乡　村信用合作社社员名册

| 姓　名 | 年　龄 | 职　业 | 财产估值 | 备　考 |
| --- | --- | --- | --- | --- |
|  |  |  |  |  |
|  |  |  |  |  |
|  |  |  |  |  |

## c 农村信用合作社活动金融方法

农村信用合作社组织的方式，既是小规模的经营，受区域的限制、责任的限制，其经营的力量，因限制而微小。尤其现在农村金融之困乏，在此小规模自治的经营之下又难发展。因此等事实的困难，所以，又必需采用补助制度。农村组织信用合作社，政府金融机关补助贷款，补助其活动；待其信用组织长成之后，再扶助其继续，维持或发展之目的。于此信用合作社之金融方法，亦必为重要之事项。

又此补助金融制度，补助的方针与方法，亦颇复杂。因环境与

事实的不同，于应用上，亦有歧异。今将本处贷款规则、利率、借款须知等列后，以供参考。

**农村金融流通处贷款规则**

一、本处贷款，须以贷于经县府承认之各乡信用合作社，助其生产为最先最要之务。

二、对私人及商号贷款，须以不碍于各合作社之借用为最要。

三、对私人及商号贷款，期限不得过三月；总以存有余资时，临时暂放为原则。

依前项规定，商号贷款额数，不得过一千元，私人贷款额数，不得过一百元。

前项商号及私人贷款时，须酌量情形，令取具铺保或相当人保。如无保时，须得交纳抵押品。

四、对各合作社贷款，须先征集各社员之申请书，详审其用途，调查其信用，依贷款表分别酌定。如认为有不当之点时，得拒绝贷予。

五、对各社社员整理旧债之贷予，其总额不得超过其社应借总额三分之一。

六、对各社社员所借款项，发见有用途不正，或与其申请书所填不合时，应一方记载于信用程度评定表，一方得令其觅妥铺保，于最短期内归还。

七、对各合作社应贷之额数、期限、利率，依下表所规定行之。

八、依下表所规定若有特别情形，应予变通款额利率者，只可记明理由，为一级之通融，不得超过二级。

九、合作社组织如系保证责任时，其贷款额不得超过保证金额之数。

十、本规则由董事会通过施行。

## 流通处对各合作社贷款之最高额及利率表

| 承认年数 | 一年 | | | | 二年 | | | | 三年 | | | | 四年 | | | | 五年 | | | | 六年 | | | | 七年 | | | | 八年 | | | | 九年 | | | | 十年 | | | |
|---|---|---|---|---|---|---|---|---|---|---|---|---|---|---|---|---|---|---|---|---|---|---|---|---|---|---|---|---|---|---|---|---|---|---|---|---|---|---|---|---|
| 考成等次 | 丁 | 丙 | 乙 | 甲 | 丁 | 丙 | 乙 | 甲 | 丁 | 丙 | 乙 | 甲 | 丁 | 丙 | 乙 | 甲 | 丁 | 丙 | 乙 | 甲 | 丁 | 丙 | 乙 | 甲 | 丁 | 丙 | 乙 | 甲 | 丁 | 丙 | 乙 | 甲 | 丁 | 丙 | 乙 | 甲 | 丁 | 丙 | 乙 | 甲 |
| 社员借最高额 | 15 | 20 | 25 | 30 | 20 | 25 | 30 | 35 | 25 | 30 | 35 | 40 | 30 | 35 | 40 | 45 | 35 | 40 | 45 | 50 | 40 | 45 | 50 | 55 | 45 | 50 | 55 | 60 | 50 | 55 | 60 | 65 | 55 | 60 | 65 | 70 | 60 | 65 | 70 | 75 |
| 全社合作社贷款之最高额 | 300 | 350 | 400 | 450 | 400 | 450 | 500 | 550 | 500 | 550 | 600 | 650 | 600 | 650 | 700 | 750 | 700 | 750 | 800 | 850 | 800 | 850 | 900 | 950 | 900 | 950 | 1000 | 1050 | 1000 | 1050 | 1100 | 1150 | 1100 | 1150 | 1200 | 1250 | 1200 | 1250 | 1300 | 1350 |
| 一期还清 | 一分 | | | | | | | | | | | | | | | | | | | | | | | | | | | | | | | | | | | | 同上 | | | |
| 二期还清 | 一分一 | | | | | | | | | | | | | | | | | | | | | | | | | | | | | | | | | | | | 同上 | | | |
| 三期还清 | 一分三 | | | | | | | | | | | | | | | | | | | | | | | | | | | | | | | | | | | | 同上 | | | |
| 四期还清 | 一分五 | | | | | | | | | | | | | | | | | | | | | | | | | | | | | | | | | | | | 同上 | | | |

利息不加贷款额可以逐年增加

（说明）（一）每社及社员每人之最高额，系以承认之久暂及社务成绩之高下而定。

（二）利率以月利计按合作社还款分期，期数之多寡而定。

（三）一期为六个月。二期以外者，须从二期起分期摊还本金之一部。

（四）甲乙丙丁四等各社之最高额及应负利率照表规定；戊等社停止贷款。

**各乡信用合作社对金融流通处借款须知**

一、凡本县各乡成立之信用合作社，在县府依法登记，经其承认，且考查列在甲乙丙丁四等者，得依其等列及社员之多寡，比照流通处贷款表限额，向流通处申请借款。

二、借款之最高限度：分社员每人最高额，及每社最高额，二种。

三、各社借款之标准，系以社员人数与表列社员每人之最高额相乘数，斟酌而定。

四、初经承认之社，社员在十五人以上者，借贷最高额，不得过五百元；每一社员不得过三十元。

五、各社除社股外，自集款设储金，如有成数，以最近半年内结存之平均数为准，得于上列最高额之外，申请加借其数额。以此项储金之数为比例；但不得超过到原来最高额之一倍。

六、借款期限，因用途而异。用途以能协助生产为限，暂分为下列之四种：

甲、购买肥料种籽。此项借款期限不得过一年。

乙、购买耕具牲畜等用。（此项借款期限得延长至三年；惟每年除偿还利息外，并须还本三分之一。）

丙、支付地租工资。（此项借款期限不得过十个月。）

丁、整理旧债。（此项借款须视其旧债之正当与否而定；认为正当，并其人确系勤劳者，始可贷借。期限得延长至三年还清。依照乙项。)

七、每社应借之款，社员用项不同者，得分开种类，各按其偿还之期为偿还。

八、流通处对各社借款之请求，如认为不妥，或用途不当，或款已被他社借完时，得减少借额，或拒绝贷借。

九、各社已借去最高额之借款后，遇有五人以上之社员出社，或社务上发生变化时，流通处得斟酌情形，在原订还款日期以前，提前收回借款之全部或一部。

十、借款到期，务须本利付清，不得拖延；但遇有特别事故预料不能按期归还时，至少须于一个月以前，说明理由，申请展期。

十一、未经先期请求展期，而逾期不还者，在此延还期内，利率按照原约每元每月加增四厘；且在此处理下，而不得延付至二月以上。

十二、各社员有拖欠不清者，该社各社员同负偿还之责；最后由县府追还，不问其为某一社员所欠。

十三、流通处制有各社信用程度评定表；嗣后依各社信用程度之如何，为借与之定夺。各须互自勉励信用，不得漫然援例要求。

十四、各社借款之最高额，满一年后依其社信用程度之如何，得分甲乙丙丁等次酌为增减。

十五、以上条款，由县政府会议通过公布；有增减之必要时，金融流通处董事会得呈请县政府增减。

邹平实验县第　乡　庄信用合作社借款细数表

| 名　称 | | | | | | 责　任 | | | | |
|---|---|---|---|---|---|---|---|---|---|---|
| 业　务 | | | | | | 社　址 | | | | |
| 社　股 | | 每股若干 | | | | 共收若干 | | | | |
| 职别 | 姓名 | 年龄 | 职业 | 住址 | | | 家庭状况 | | 借数 | 用途 | 备考 |
| | | | | 乡 | 庄 | 门牌号数 | 人口 | 地亩 | 有无出息债务 | | | |

续表

| 邹平实验县第　乡　庄信用合作社借款细数表 |||||||||
|---|---|---|---|---|---|---|---|---|
| 理事会 | 理事长理事 | | | | | | | |
| 监事会 | | | | | | | | |
| 社员 | | | | | | | | |

| 邹平 | 信用合作社借款申请书 | 社　名　　　　　　　　　　地　址<br>社　员　数　　　　　　　　经手人姓名<br>借款额数　　　　　　元　　　角　　　分<br>径启者兹因　　　　　　社员等因春季购买<br>需用紧急谨向<br>金融流通处借洋　　　元　　　角愿以全体社员信用担保<br>到期归还决不致误<br>　　　　　　　　　　　　　　社理事正<br>　　　　　　　　　　　　　　　　　副<br>中华民国二十四年　　　　　月　　　日 |
|---|---|---|

本合作社为对社员放款，经本社照章开会议决，向邹平农村金融流通处息借款项。照章使用订立合同如下：

计　开

| 一、金额 | | 国币　千　百　十　元整 | | | |
|---|---|---|---|---|---|
| 二、利率 | | 月利　分　厘　毫整息随本减 | | | |
| 三、还款 | 日期 | 年 月 日 | 年 月 日 | 年 月 日 | 年 月 日 |
| | 数目 | 元 | 元 | 元 | 元 |
| 四、用途 | | | | | |
| 五、付息日期 | | 随本金同时交清 | | | |
| 六、还本付息地点 | | 邹平农村金融流通处 | | | |
| 七、本社社员人数 | | 现有社员　千　百　十　人 | | | |
| 八、本社社股 | | 共认　股共计国币　千　百　十　元　角　分整 | | | |
| | | 已缴社股金额国币　千　百　十　元　角　分整 | | | |
| 九、本社现有储金及各种存款总数 | | 国币　千　百　十　元　角　分整 | | | |
| 十、本社现有公积金总数 | | 国币　千　百　十　元　角　分整 | | | |
| 十一、合同 | | 本合同共签二张一张存本社备查一张交金融流过处存执 | | | |
| 十二、签字<br>本社全体社员对于此项借款负无限责任（即单独或连带负责）兹由同人等代表签字以资证明 | | 理事会主席　□　□ | | | |
| | | 监事会主席　□　□ | | | |
| | | 理事兼会计　□　□ | | | |
| | | 理　事　　　□　□ | | | |
| | | 理　事　　　□　□ | | | |
| | | 理　事　　　□　□ | | | |

民国　　　年　　　月　　　日　　立

## d 农村信用合作社组织之现状

农村信用合作社，以种种组织方式的限制，于此方式之下，发展起来，实在不容易。一面为其经营上的困难，一面又是为其运用上的不易；以此关系，信用合作组织之发展，无论在"质"的方面，在"量"的方面，都有其组织成立的历史性。本县于最短的期间，尚不过一年多的光景，所组织成的信用合作社二十五处，社员三百七十人，资本金一千零六元，贷款经营为六千一百七十元；列表于下：

| 社名 | 地址 | 理事姓名 | 社员人数（人） | 股金额数（元） | 借款额数（元） | 备考 |
| --- | --- | --- | --- | --- | --- | --- |
| 东阿陀 | 第二乡 | 赵思銮 赵守谕 | 20 | 40 | 300 | |
| 郭庄 | 同 | 田思圣 刘元城 | 11 | 24 | | |
| 代庄 | 同 | 张荣身 刘永庆 | 20 | 40 | 300 | |
| 西阿陀 | 同 | 赵慧清 王雨亭 | 11 | 22 | 300 | |
| 浒山铺 | 同 | 张守玉 耿茂公 | 15 | 30 | 300 | |
| 鄢家庄 | 第五乡 | 王允璞 王毓芝 | 13 | 26 | 300 | |
| 东范庄 | 同 | 季传海 郭念德 | 13 | 36 | | |
| 石家庄 | 同 | 刘锦堂 殷少白 | 12 | 24 | 400 | |
| 宋家庄 | 第六乡 | 宋守泽 宋万溢 | 10 | 138 | 300 | |
| 杨村庄 | 同 | 刘耀庭 孙华庭 | 10 | 50 | 200 | |
| 小王陀 | 第七乡 | 王步青 程振声 | 14 | 38 | 370 | |
| 王家庄 | 同 | 王日瑞 王昌瑞 | 19 | 76 | 400 | |
| 高洼庄 | 第八乡 | 景清云 杨宗业 | 15 | 62 | 300 | |
| 颜家集 | 同 | 张士乾 牛广正 | 10 | 20 | | |
| 冯家庄 | 第十一乡 | 冯汝良 冯大德 | 20 | 40 | 300 | |

续表

| 社名 | 地址 | 理事姓名 | 社员人数（人） | 股金额数（元） | 借款额数（元） | 备考 |
|---|---|---|---|---|---|---|
| 五户村 | 同 | 李光汉 李克忠 | 11 | 24 | 300 | |
| 郑家寨 | 第十二乡 | 赵子久 赵谦业 | 15 | 30 | 400 | |
| 辉里庄 | 同 | 李可邻 李维长 | 20 | 40 | 300 | |
| 双柳树 | 第十三乡 | 贾福远 贾祥远 | 15 | 30 | 300 | |
| 花沟 | 同 | 王以会 王云集 | 25 | 50 | 500 | |
| 李官庄 | 同 | 李砚田 李景峦 | 15 | 30 | 300 | |
| 道民村 | 第十一乡 | 张锡三 张毓德 | 16 | 32 | | |
| 陈玉平 | 同 | 刘化章 刘化儒 | 14 | 28 | | |
| 安详庄 | 同 | 苗恒昌 刘以润 | 11 | 22 | | |
| 大陈庄 | 同 | 陈秀岚 陈玉书 陈玉琴 | 15 | 54 | 300 | |
| 合计 | 25 社 | | 51 人 | 370 | 1006 | 6170 |

# 四　邹平庄仓合作社之举办

## a 办理庄仓合作社旨趣

邹平实验县办理庄仓合作社之目的：一为积谷备荒，二为储蓄致富，三为立信用之基础，四为平准粮价，五为调剂农村食粮需供。历来设仓之用意，偏重于预防灾荒。然当此农村困乏与农产量衰落之时，期农民以粮食之售价，供公私之费用，尚忧不足者；若又从而强使其积存一部分，岂不重为之困。邹平实验县政府有见及此，故创设兼有以上五种目的之庄仓合作社，而以发行庄仓证券活用其经济与金融之机能，以期双方兼顾，不至以利民之意反而扰民。

邹平全县人口，约为十五万，有地几六千顷；按亩纳五升粮食入仓，则一年可得三万石。当时计划，设办理五年。除孳息不计外，全县可存十五万石，每人平均有一石之储粮，不难实现。于农家经济上，自可期望其进展。

## b 普设庄仓合作社之办法

庄仓合作社之目的，不单是为的备荒，亦讲求农村经济的开发，农村事业的举办。所以普设庄仓的办法，亦有较复杂之规定。于其设立之初，以其公益的性质，为行政上之推进，由政府制定办法，用政治手段，普及其设立。又以目前农村经济的状况，大规模仓库之设立，势有所不能；于可能范围内利用乡村公用之建筑为仓房，一切设备，均从简陋上想方法，以适应农村的需要。于庄仓成立后，又与金融上的流通，以扶助其发展；兹将推行的办法，附录于下：

**邹平实验县普设庄仓合作社的办法**

一、本办法根据内政部颁布之各地方仓储管理规则，及山东省政府历次催办各县地方积谷备荒通令；并参酌地方需要，订定之。

二、本办法之目的：一在积谷备荒，二在储蓄致富，三在立信用之基础，四在平准粮价，勿使过贱伤农、过贵伤民，五在调剂农村食用需供。

三、本办法举办之区划，以邹平县原有纳税区划之庄为单位；其两庄以上愿合办者，听之。

四、庄仓之筹办员，以原来庄长充之，由县政府加委。其庄长改为村长或村理事之庄，则以村长，或村理事，或庄仓之筹办员，仍由县政府加委，负各该庄村仓廒筹办之责。

五、筹办员负下列之责任。

（子）调查本庄有地之家数，及其家长、姓名、年龄、并各家地亩多寡，制定社员调查表；其亩之大小，并须注明，统换算为官亩数。

（丑）调查本庄出产某种粮名为最多，为普遍，以为收集仓谷种类之标准。

（寅）筹划仓廒之地点，其有庙宇者用庙宇，无庙宇者用祠堂；庙宇祠堂俱无者，指借本庄有地最多之家之屋，每年酌予低少之赁租。其不愿受租者，呈明县政府褒奖之。

（卯）有地之家数，调查完毕，即召集各家家长开成立会，选举管理委员二人至四人；加入庄长为当然委员，计管理委员三人至五人。管理委员任期为三年。共推一委员长，主持仓务。筹办员责任，至此完毕。

六、庄仓之性质，为有限仓库合作社；其加入之社员，所负之责任，限于所出之粮石。

七、各庄有地之家，除一户有地不足三官亩，所收仅可自给，或不敷用度，又无其他生产，经管理委员认为情形特殊者，得免予加入外，余均有加入庄仓合作社之义务。

八、各家入仓之粮石，由管理委员长鉴定，经风扇打过，不湿不秕。

九、庄仓所用之斗，以新斗为准。其折合新旧秤斤数如次。

高粮每一新斗，按新秤重十四斤五两，旧秤重十二斤二两。谷子每一新斗，按新秤重十二斤半，旧秤重十一斤。小麦每一新斗，按新秤重十五斤半，旧秤重十三斤九两。黑豆每一新斗，按新秤重十四斤，旧秤重十二斤半。

十、各庄有新斗者，用新斗；无新斗者，用新秤，或旧秤代之。均按上列数量折合斗数。

十一、各仓所存之总粮数，统以新斗之石数为单位。其下记斗记升，名几石几斗几升；升以下捲算升内。

十二、各庄仓应于本年十一月初一日成立，按每官亩一亩，收秋粮新斗半斗；其种类，依该庄所种较普遍秋粮为准。纳收完毕后，应分呈县政府，及该管乡学备案。

十三、在多种棉花花生等，不便仓储救荒之庄村，应将所产变价，购进秋粮或小麦。依各家所有地之亩数，比例入仓，不得借故推延不办。

十四、各庄仓社员，愿在法定纳仓粮数量以上多交者，听之。

十五、其无田产之庄民，愿纳粮入仓，在一斗以上者，行为端正，有职业，亦得认为庄仓社员。

十六、纳粮入仓之社员，随时可以觅得社员二人以上之垫还保人（须有产业信用可靠）向庄仓借粮借钱。其期限不得过一年，利率统按月利一分六厘。借粮者还粮，借钱者还钱。其请借数目，不得超过其所存入粮数或粮价之额十分之七。

十七、各庄仓得以其全部存粮作押，向农村金融流通处抵借现金。其金额以所储粮石之现价总额十分之七为准；期限不逾一年，利率不逾月息一分二厘。

十八、各庄仓得以所储之粮为抵押，向他处金融机关，通融款项，转贷于社员。其条件一如本办法第十六条所列，不得稍涉含忽。

十九、各庄未纳粮入仓之人，如行为端方，有正当职业，并邀得社员二人作保者，庄仓须依一般之条件，贷予仓粮或现金。其数额不得超过保人社员入仓粮额合计之半数。

二十、各庄仓遇粮价高涨，存有余粮时，得依全体管理委员之决议，尽先出售于本庄之人，或运外销售。其所得之现金，除贷放外，须即日存于本县农村金融流通处生息，不得私自挪用或搁置。

二十一、各庄之仓成立后，经县政府视察办法良好；即令知农村金融流通处，以该庄仓储粮之数为抵押，责令与该庄仓立来往存放款项契约。或由各该乡理事查得情形良好，亦可介绍于农村金融流通处，订立来往存放契约。

二十二、机关或个人以金钱贷予庄仓合作社者，得随时查看其仓粮数目，及保管是否合法？及各庄仓不得以储粮向两处同时抵押借款。违者查明情由，依法予以相当处分。

二十三、庄仓以储粮已经抵押借款后，如欲出售还债时须预先通知贷出款项之机关或个人，变价立即偿还所负之债务，不得迟延，致生枝节，而失信用。

二十四、每年国历十二月月底，为庄仓结算期。经全体管理委员审核无异后，须将其盈亏报告于全体社员，并分呈县政府及该管区域之乡学备案；其报告全体社员，及向县政府乡学备案，不得逾次年一月十五日。

二十五、每年结算有盈余时，提十分之一报酬全体管理委员。其委员长劈得红利之比例，较其他管理委员应多一倍。

二十六、管理委员概不支薪；但因办理庄仓事宜所费之款，得就本庄公费内支付之。

二十七、每年红利，除提十分之一报酬管理委员外，其余按各社员入仓粮石之数，比例分配。其中一半须滚作各该社员重行加入仓粮之数，其余一半任其提取。

二十八、各庄仓结算后，如有盈余，各社员存仓粮数增加时，其请求贷借时，亦比例提高。

二十九、各庄仓以粮石为本位；即计算盈亏统以各该仓所存之粮石种类，为计算之单位。即存有现款，亦应依当时该种粮价换算之，以计盈亏。

三十、各庄麦、秋两季收成，但在七分以上时，即须遵照本办法，集粮入仓，分呈县政府及乡学备查。其小麦入仓，不得逾国历七月月底，秋粮入仓，不得逾十一月月底。

三十一、各庄仓积储粮石之数，以达到全体社员家属，平均每口一石为标准。

三十二、各庄仓仓廒地址之选定标准，以房屋不漏不潮，墙壁坚固，空气流通，且地点不甚孤苦，便于照管，地位较高，不易被水患者为佳。

三十三、各庄仓管理委员，随时查看储粮，盖以印板，封锁仓门，粘贴封条，以免偷窃；并随时指挥全体社员轮流从事晒晾，以免虫蚀霉坏。

三十四、各庄仓管理员，有实心任事，成绩良好者，县政府酌量情形，予以匾额，或其他名誉之奖励。其怠废不任事，推诿敷衍，有实据者，县政府得责令该庄仓全体社员，改选贤能继任，以免贻误。

三十五、庄仓管理员，因故出缺时，应一面呈明县政府及乡学，一面改选，呈请加委。

三十六、各庄仓全体社员选出之管理员，不得辞却。

三十七、各乡学学长及乡理事，有督催监察各庄仓之责任。

三十八、各庄仓所用账簿，统由县政府，代为置办，加盖骑缝县印以昭郑重。其账簿领价，按照工科实费，不得超过实价。

三十九、各庄仓所用之一切表簿书据，定有一定格式（详载于后）以昭划一，而免纷歧。

四十、本办法经县地方会议议决，呈准山东乡村建设研究院备案后，公布施行之。

四十一、本办法有未尽事宜，或发生疑问时，得随时提交地方会议修正并解释之。

## c 庄仓合作社之经营管理

庄仓合作社，初作仓政之推行，于庄仓普及成立后，就有经营管理之重要。关于庄仓的经营上，实有不少的困难问题，而就经营的趋势上，不外（一）由公立机关的性质，渐趋向于合作社的经营；于普及推行之后，即以其公立的性质，渐渐趋向于合作的经营，以成为农村事业的机关。（二）由现物的经营，渐次到资金的活动，业务更为发达；初设立时，是依收的粮食而成立的一种组织，渐渐由粮食的交易，收入现金，于社务的特别事项上，亦以现金开支为主。嗣后金融流通处的贷款，证券的发行。帮助其金融的活动，业务因之更为活泼。

关于庄仓的管理，亦极重要；每一庄仓的管理，设庄仓保管委员会。这个保管委员，一面负庄仓保管之责，一面负庄仓经营之责；关于庄仓一切的设施，有其酌量运用的权利。至于保管的规则，一切手续文件等，均由县政府规定施行；兹将其规定分录于下：

**邹平县各乡庄仓保管委员会章程**

一、本县为保管庄仓仓谷起见，于各乡设庄仓保管委员会。

二、各乡庄仓保管委员，以下列人员组织之：

甲、乡学董

乙、乡理事

丙、各庄仓管理委员长

三、各乡庄仓保管委员会，除乡理事为当然常务委员外，应于其他各委员中推出一人至四人为常务委员，负随时察看各庄仓之责。

四、各乡庄仓保管委员会，每季至少须开全体会一次，共同察看仓房仓谷情形有无变动？其会议日期，由乡理事定期召集之。

五、依前条规定察看，如发见有虫鼠伤耗不能足原数时，须即筹划补足。

六、各乡庄仓保管委员会，为活用仓贮调剂农村金融起见，得依仓谷之时值为准，由全体委员负责发行庄仓证券；所发行之数目，须呈经县政府核准；其发行章程另定之。

七、各乡庄仓保管委员任期，以各该委员原有职务之任期为任期。

八、本章程呈由山东乡村建设研究院转呈山东省政府核准之日施行。如有未尽事宜，得随时呈请修正之。

| 邹平实验县第　乡　庄庄仓合作社借款表 ||||||||||||
|---|---|---|---|---|---|---|---|---|---|---|---|
| 名　称 ||||| 社　址 |||||||
| 全社地亩数 ||||| 存仓地址 |||||||
| 社员人数 ||||| 集仓谷数 |||||||
| 职别 | 姓名 | 年龄 | 职业 | 住址 ||| 家庭状况 ||| 借数 | 用途 | 备考 |
| | | | | 乡 | 庄 | 门牌号数 | 人口 | 地亩 | 有无出息债务 | | |
| 委员长 | | | | | | | | | | | |
| 庄仓保管委员 | | | | | | | | | | | |
| | | | | | | | | | | | |
| | | | | | | | | | | | |
| | | | | | | | | | | | |
| | | | | | | | | | | | |

续表

| 邹平实验县第　乡　庄庄仓合作社借款表 ||||||
|---|---|---|---|---|---|
| 贷款社员 | | | | | |
| | | | | | |
| | | | | | |
| | | | | | |
| | | | | | |
| | | | | | |
| | | | | | |
| | | | | | |
| | | | | | |

| 邹平实验县庄仓合作社借款申请书 | |
|---|---|
| 社　名 | 社　址 |
| 社员人数 | 经手人姓名 |
| 借款额数 | 元 |
| 径启者兹因社员　　　等因　　季购买 ||
| 需款紧急谨向 ||
| 贵处息借洋　　元愿以本社庄仓为担保到期如数归还决不 ||
| 致误此致 ||
| 农村金融流通处 ||
| 　　　　　　委员长 ||
| 　　　　　　　副 ||
| 中华民国廿四年　　月　　日 ||

**庄仓合作社应用公文单据表簿图记格式举例**

（一）呈报县府、县学筹办本庄庄仓合作社情形由　附一件

呈为呈报事：窃奉

钧府、县政府训令筹办属庄庄仓合作社；附发委任令一件、邹平实验县普设庄仓合作社办法一册。遵即任事，按章分别调查：计

属庄应入社社员　人，连同家属共　口，地共　官亩，应储仓粮　石　斗　升。属庄麦季普种二麦，秋季以　为大宗。兹经于　月　日，假　处招集应入社之各家家长开会，议决遵章办仓。麦季以小麦，秋季以　为各社员纳仓之粮食，不得彼此歧异。并公举　及　为管理委员。复由　等互选　为管理委员长。公议以属庄　房屋　间为仓房。定于　月　日为各社员遵章按亩纳粮入仓，统交委员长管理，　等人协同照料，以免疏虞。除呈

第　乡学、县政府外，理合呈报备查；并乞

准予解除筹办责任，实为公便。谨呈

邹平实验县县　长

　　第〇乡学

附呈〇〇〇庄庄仓合作社社员调查表一份

　　第　乡学　庄庄仓合作社筹备员 [印]

中华民国 [庄仓图记] 年　月　日

**邹平实验县第〇乡学〇〇庄庄仓合作社社员调查表**

| 姓名 | 字 | 年龄 | 职业 | 教育程度 | 门牌号数 | 家庭状况 | 自有田数合官亩数 | 应入仓数 | 粮食种类 | 备考 |
|---|---|---|---|---|---|---|---|---|---|---|
| 王耕读 | 传甫 | 35 | 农 | 识字不多 | 9 | 母一妻一子二女一弟一共七口 | 大亩10亩官亩30亩 | 1石5斗 | 谷 | 自种 |

以上共计应入社社员　人，社员连同家属共　口，官亩地　顷　亩　分，应入仓粮谷子　石　斗　升。

（二）呈报县府、乡学本庄庄仓合作社成立由　附一件

呈为呈报事：窃　等蒙属庄庄仓合作社社员公举为本社管理委员，当即互推　为管理委员长。呈蒙

钧府、邹平实验县政府加委，并令催从速成立具报。等因。奉此，遵于　月　日招集本庄应入社社员开会，讨论进行办法。当场议决，照章分别纳粮入仓。自　月　日开始，每日上午七点起，至下午五点止，陆续纳粮。均经风扇打过，不湿不秕。共计社员　人，共有地　顷　亩　分，应共入　石　斗　升。业已照章每官亩纳粮五升之数，照纳无讹。于　月　日，当众将仓窖上面，盖好印板，并封锁仓门，加意保管，以免疏虞。除呈报

本乡乡学、县政府外，理合连同属庄庄仓合作社社员名簿，呈报

钧府、钧学准予备案，实为公便。谨呈

邹平实验县县长

第　乡　长

附呈属〇〇〇庄庄仓合作社社员名簿一册

第　乡　庄庄仓合作社管理委员长　㊞

中华民国　年　月　日

邹平实验县第　乡学　庄庄仓合作社社员名簿

| 姓名 | 字 | 年龄 | 职业 | 教育程度 | 门牌号数 | 家庭状况 | 自有田数合官亩数 | 应入仓数实入仓数 | 粮食种类 | 备考 |
|---|---|---|---|---|---|---|---|---|---|---|
|  |  |  |  |  |  |  |  |  |  |  |
|  |  |  |  |  |  |  |  |  |  |  |

以上共计社员　人，社员连同家属共　口，地　亩，入仓粮食共　石　斗　升。

（三）纳粮收据

| 收粮存根 | 今收到<br>社员　年　季份应纳　石　斗　升<br>　　照收无讹<br>中华民国　年　月　日　庄仓合作社管理委员长章 |
|---|---|

| 收粮单据 | 今收到<br>社员　年　季份应纳　石　斗　升<br>　　照收无讹此据<br>中华民国　年　月　日　管理委员长　使用之章 |
|---|---|

（四）各庄仓所用图章三个方式如下

| 庄庄仓<br>合作社管理<br>委员长之章 | 管理委员长<br>公用小方章<br>隶书阳文 | 邹平实验县<br>第　乡<br>庄庄仓合作社 | 公文正式戳<br>篆书阳文 |

| 第　乡　庄庄仓合作社 | 便用戳<br>楷书阳文 |

以上两种图章，均由县府代刻。各庄庄仓合作社，照实价备款领用，以昭划一。

（五）印食粮木戳式

| 安庄仓合作社 | 阴文、楷书、大字、杨木质，长裁尺一尺五寸，宽四寸五分。由县府代刻，照实价领用。 |

（六）仓门封条式如下

公文正式印盖此据

| 邹平实验县第　乡　庄庄仓合作社 | 年<br>月　封<br>日 |

宋体书、阳文，长裁尺二寸，宽裁尺三寸，用本地麻纸印刷。版由县府刻就，印妥，分发各庄，按照工资，照实费备价具领。

（七）呈请乡学、县府派员视察仓粮实况并介绍金融流通处准予开立来往存放款折具由

呈为呈请事：窃属庄庄仓合作社，遵章于　年　月　日，呈蒙

钧学、钧府指令，准予备案在案。兹因属庄庄仓合作社各社员，需用资金，于　年　月　日，开全体会议议决，以本仓所储　石　斗　升，按市价合银　千　百　十　元　角，依七折计算之数，拟向本县农村金融流通处抵押借款。计最高额为　千　百　十　元　角。敬请

钧学、钧府派员视察俯赐通知流通处，准予照章立折来往存放款项，俾资活动，实为公便。谨呈

邹平实验县第　乡学

　县　长

第　乡　庄庄仓合作社管理委员长○○○　印

中华民国　年　月　日

（八）函农村金融流通处订立来往存放款项契约由

径启者敝庄庄仓合作社，于　年　月　日完全成立。分呈

邹平实验县县政府，暨第　乡学，准予备案。计社员　人，储　石　斗　升，按时价共值洋　元　角，为请求通融资金，业经呈奉

邹平实验县县政府，暨第　乡学，派员视察，尚无不合。指令准予介绍

贵处，订立来往存放款项契约在案。敝社谨遵定章，按储粮价格百分之七十，为借款之最高利息。月息其在月之十五日以前借者，以全月计算利息。在十六日以后者，按半月计算。一俟储粮价格合宜，即行出售，偿还所借款项，本息决不迟延，或另行挪用。倘若偿还所借债额本息有余，即祈立折，准予存入，按月利计息。其计息时日，自交款之次日起，至取款之前日止。计算利息办

法，系

贵处章程及本县庄仓合作社办法所明定，敝社当恪遵勿违。可否之处，即希

查照见复为荷！此致

邹平实验县农村金融流通处

第　乡　庄庄仓合作社管理委员长○○○　　印

（九）社员请借仓粮、款单式

具单请求人○○○，今因　正用，拟借本社仓粮　石　斗　升、款　十　元　角。并未超过定章所规定储粮十分之七贷借最高额之数，俾可周转一时。利息按照社章月加百分之十六生息。自借到之日起　个月准能偿还不误，已遵章邀得本社社员　二人同意作垫还保人。除另行备具正式借据及保单缴社存查外，特此陈请，伏望

准予办理！此致

管理委员长

　　　　　　　　○○○押
　　　社　员　　○○○押
　　　垫还保人　○○○押　　年　月　日
　　　　　　　　○○○押

（十）社员借用仓粮、款单据式

今借到

本庄庄仓合作社仓粮　石　斗　升、款　十　元　角，为自己正用。今遵章邀得社员为垫还保人，按月一分六厘生息，准定　个月偿还入仓不误。倘有迟延或不偿还之时，由垫还保人负责清偿本息决不亏欠。此据。

　　　　　　　　立借据人社员○○○押　年　月　日
　　　　　　　　垫还保人社员○○○押　年　月　日

（十一）借仓粮、款垫还保人所具保单式

立保单人社员　，今因本社社员　为　正用，愿以其入仓仓粮

石　斗　升　作抵，息借本仓仓粮　石　斗　升、款　十　元　角。查所请借之额不逾章程所定纳粮十分之七最高额，利息按月照一分六厘计算，声明　个月本利一齐偿清。如到期不还或偿还不齐，保人等情愿代偿或补偿不误。特共具保单以资证明。此致

　　○○庄庄仓合作社管理委员长

　　　　垫还保人社员　○○○押
　　　　　　　　　　　○○○押　　　　年　　月　　日

## d 庄仓合作社组织概况

庄仓合作社的组织，固有一定的格式；而其实际施行上，亦颇不容易。在实验的结果上，应改进的地方虽尚有可议之点；而其进行上的效果，实在有很好现象。兹将成立庄仓社有一百四十七处，社员人数九千四百六十五人，存粮有五千三百余石的盛况，列表于下：

邹平县庄仓合作社一览

| 仓名 | 主管人姓名 | 社员人数（人） | 地亩 | 存粮数目（石） |
| --- | --- | --- | --- | --- |
| 大李家庄 | 李向午 | 204 | 1680.000 | 84.000 |
| 碑楼庄 | 田锡骏 | 118 | 1330.000 | 52.813 |
| 马家庄 | 成延龄 | 22 | 312.300 | 3.850 |
| 张家山庄 | 王清桂 | 115 | 1094.300 | 11.660 |
| 贺家庄 | 李允俊 | 109 | 1322.000 | 66.100 |
| 张家庄 | 张存新 | 70 | 883.000 | 27.970 |
| 富盛庄 | 王乐山 | 90 | 82.060 | 11.960 |
| 刘家庄 | 刘广心 | 45 | 464.300 | 6.400 |
| 小李家 | 李桂文 | 21 | 144.800 | 1.680 |
| 成庄 | 成延刚 | 15 | 220.000 | 2.890 |

续表

| 邹平县庄仓合作社一览 | | | | |
|---|---|---|---|---|
| 仓名 | 主管人姓名 | 社员人数（人） | 地亩 | 存粮数目（石） |
| 巨合庄 | 马凤信 | 56 | 303.000 | 1.520 |
| 高家庄 | 傅安忠 | 38 | 342.500 | 1.174 |
| 樊家庄 | 明经山 | 32 | 498.300 | 5.922 |
| 韩家坊 | 孙子玉 | 80 | 1355.700 | 37.818 |
| 西韦家 | 田承纶 | 103 | 3548.400 | 10.495 |
| 陈家庄 | 邢毓瑞 | 65 | 414.500 | 407.300 |
| 耿家庄 | 耿毓文 | 77 | 1173.000 | 62.900 |
| 钟家庄 | 王守业 | 40 | 234.200 | 42.240 |
| 徐家庄 | 赵增德 | 60 | 692.000 | 49.690 |
| 西阿陀庄 | 王云志 | 124 | 3030.000 | 172.762 |
| 贾庄 | 贾颖川 | 20 | 369.000 | 24.700 |
| 刘家庄 | 刘一善 | 141 | 1978.000 | 95.940 |
| 辛立庄 | 杨守鉴 | 17 | 251.100 | 9.820 |
| 青阳店 | 王春和 | 277 | 1940.000 | 131.068 |
| 董家庄 | 焦兆瑞 | 231 | 1234.000 | 79.906 |
| 韩家庄 | 杨公言 | 30 | 726.500 | 51.650 |
| 郭庄 | 刘元成 | 43 | 598.000 | 27.740 |
| 化庄 | 赵湄川 | 50 | 615.000 | 44.510 |
| 东阿陀庄 | 赵圣之 | 118 | 1538.560 | 88.349 |
| 代家庄 | 刘永庆 | 38 | 617.000 | 32.780 |
| 曹庄 |  | 57 | 280.000 | 1.960 |
| 抱印庄 | 赵儒林 | 28 | 460.000 | 13.890 |
| 朗君庄 | 刘慎斋 | 52 | 1216.500 | 36.490 |
| 崔家庄 | 崔金洞 | 61 | 468.710 | 15.520 |
| 北禾庄 | 郭立庚 | 106 | 1260.000 | 63.000 |

续表

| 仓名 | 主管人姓名 | 社员人数（人） | 地亩 | 存粮数目（石） |
|---|---|---|---|---|
| 段家庄 | 宋元杰 | 23 | 279.700 | 13.930 |
| 南唐家庄 | 朱新增 | 39 | 176.000 | 8.847 |
| 中杨堤庄 | 王冠成 | 27 | 374.000 | 5.650 |
| 小扬堤庄 | 周朝俊 | 35 | 532.000 | 11.950 |
| 新民村庄 | 冯鸿文 | 165 | 1596.000 | 56.195 |
| 建埠庄 | 张念隆 | 218 | 2644.200 | 60.230 |
| 西杨堤 | 王毓扬 | 48 | 497.500 | 24.875 |
| 韩家庄 | 高振纬 | 56 | 1066.900 | 26.690 |
| 北唐家庄 | 韩茂德 | 10 | 216.250 | 5.300 |
| 孟家庄 | 张廷信 | 65 | 1018.000 | 13.910 |
| 西禾村 | 孙佩全 | 30 | 430.400 | 10.622 |
| 陈河埋 | 许永修 | 6 | 28.000 | 0.760 |
| 太和庄 | 张福元 | 38 | 677.100 | 16.126 |
| 刘家庄 | 刘守孝 | 31 | 526.000 | 10.510 |
| 高家庄 | 高立行 | 16 | 199.000 | 3.980 |
| 代家庄 | 张桂五 | 39 | 540.000 | 13.500 |
| 东柳泉 | 张振鸿 | 15 | 388.000 | 9.070 |
| 西柳泉 | 张玉溪 | 15 | 418.500 | 10.432 |
| 长盛庄 | 张安治 | 32 | 656.500 | 16.390 |
| 杨家寨庄 | 王子珍 | 34 | 849.900 | 21.130 |
| 杨家庄 | 吕子安 | 25 | 289.000 | 7.540 |
| 樊家庄 | 赵申骏 | 92 | 1350.100 | 32.625 |
| 东杨堤 | 杜继哲 | 61 | 1235.600 | 30.000 |
| 平原村 | 李美村 | 42 | 615.000 | 15.385 |
| 东禾村庄 | 张秉金 | 26 | 190.400 | 4.730 |

续表

| 邹平县庄仓合作社一览 | | | | |
|---|---|---|---|---|
| 仓名 | 主管人姓名 | 社员人数（人） | 地亩 | 存粮数目（石） |
| 孙岱庄 | 赵云亭 | 45 | 241.500 | 10.820 |
| 乔木庄 | 贾兆海 | 33 | 566.550 | 16.996 |
| 周家庄 | 李守本 | 35 | 289.000 | 7.514 |
| 鄢家庄 | 王鉴堂 | 55 | 798.000 | 20.770 |
| 盖家庄 | 王传林 | 48 | 513.000 | 10.160 |
| 小吕家月河 | 张星三 | 11 | 54.000 | 8.100 |
| 七里铺庄 | 张传璧 | 36 | 502.500 | 25.195 |
| 西范庄 | 刘广运 | 14 | 62.000 | 3.100 |
| 侯家庄 | 陈修增 | 28 | 78.800 | 1.290 |
| 石家庄 | 刘长荣 | 45 | 314.800 | 15.735 |
| 南范庄 | 纪凤山 | 55 | 476.000 | 20.400 |
| 景家庄 | 李六德 | 52 | 266.120 | 13.300 |
| 刘家道口 | 刘勋臣 | 40 | 303.000 | 4.090 |
| 宋家庄 | 宋万锡 | 33 | 813.000 | 4.920 |
| 小店庄 | 马维仲 | 122 | 27.360 | 18.240 |
| 魏家庄 | 陈子庚 | 59 | 1912.100 | 23.146 |
| 刁家庄 | 刁庆仓 | 63 | 862.500 | 4.610 |
| 毛张庄 | 张虞湖 | 325 | 382.500 | 6.120 |
| 郭家庄 | 王启我 | 97 | 10.992 | 5.790 |
| 纪家庄 | 刘振东 | 28 | 192.000 | 18.400 |
| 波踏店东韦家 | 韦凤宝 | 63 | 1794.000 | 7.620 |
| 甲子庄 | 董学仁 | 18 | 262.000 | 2.450 |
| 成子庄 | 马方宽 | 106 | 851.934 | 25.868 |
| 柴家庄 | 柴念信 | 66 | 1096.200 | 55.150 |
| 成家庄 | 成振田 | 75 | 862.000 | 43.100 |

续表

| 邹平县庄仓合作社一览 | | | | |
|---|---|---|---|---|
| 仓名 | 主管人姓名 | 社员人数（人） | 地亩 | 存粮数目（石） |
| 中闸庄 | 王毓山 | 66 | 1189.800 | 59.490 |
| 许家道口 | 刘毓荣 | 104 | 1365.000 | 68.275 |
| 兰芝里 | 赵敬思 | 37 | 1066.000 | 37.310 |
| 宋家集庄 | 郑尊仁 | 40 | 1100.000 | 55.000 |
| 曹家庄 | 张以真 | 20 | 336.000 | 16.800 |
| 高洼庄 | 景德斋 | 12 | 100.000 | 5.000 |
| 东张官庄 | 张永殿 | 20 | 528.000 | 26.400 |
| 邢家庄 | 刘继昌 | 57 | 637.600 | 22.509 |
| 实户庄 | 王传铭 | 67 | 1288.200 | 45.099 |
| 刘楷家 | 韩广珠 | 49 | 1153.500 | 32.840 |
| 窝村庄 | 贾丕基 | 83 | 3068.500 | 107.3915 |
| 苏家桥庄 | 苏庆兴 | 33 | 795.000 | 39.750 |
| 田家庄 | 王守美 | 61 | 1031.000 | 51.550 |
| 惠辛庄 | 惠文登 | 56 | 1071.000 | 37.475 |
| 耿家庄 | 王志乾 | 53 | 423.500 | 21.175 |
| 颜家集庄 | 颜士俊 | 125 | 4492.000 | 224.600 |
| 仓廪庄 | 王传杰 | 52 | 816.000 | 28.608 |
| 二辛庄 | 李秉刚 | 42 | 624.000 | 8.720 |
| 东左家庄 | 李永福 | 46 | 912.000 | 36.480 |
| 明家集庄 | 成延忠 | 43 | 417.000 | 14.595 |
| 牛家官庄 | 孙云河 | 67 | 693.000 | 35.150 |
| 大张官庄 | 焦其鸿 | 67 | 572.500 | 20.375 |
| 杨家庄 | 杨宪忠 | 53 | 1121.000 | 26.900 |
| 郑家庄 | 刘维茂 | 26 | 727.000 | 36.360 |
| 韩家庄 | 刘金章 | 49 | 1497.100 | 74.855 |

续表

| 邹平县庄仓合作社一览 | | | | |
|---|---|---|---|---|
| 仓名 | 主管人姓名 | 社员人数（人） | 地亩 | 存粮数目（石） |
| 张家庄 | 程守孝 | 71 | 934.500 | 46.725 |
| 马庄 | 马兆福 | 55 | 16.480 | 82.400 |
| 粉张庄 | 张玉玺 | 31 | 1149.000 | 57.450 |
| 孙家庄 | 孙会云 | 58 | 1720.000 | 94.550 |
| 杨家庄 | 杨汝芹 | 48 | 1104.900 | 55.250 |
| 孔家庄 | 孔庆贞 | 42 | 1232.800 | 61.685 |
| 张德佐庄 | 张公建 | 50 | 2446.000 | 112.326 |
| 刘家井 | 颜景泉 | 54 | 1354.200 | 67.710 |
| 郭家庄 | 郭方林 | 41 | 946.000 | 47.300 |
| 成家庄 | 成立宝 | 122 | 3321.500 | 166.425 |
| 刘日桥 | 李青云 | 42 | 937.500 | 41.975 |
| 崖镇庄 | 胥青辉 | 67 | 1770.000 | 88.500 |
| 张家庄 | 张学谦 | 68 | 1941.000 | 97.05 |
| 崇兴官庄 | 牛方富 | 17 | 178.000 | 8.900 |
| 孙家镇 | 马文斋 | 370 | 5936.800 | 16.519 |
| 小陈家庄 | 李福乾 | 42 | 937.500 | 5.776 |
| 大陈家庄 | 陈玉琴 | 170 | 3860.000 | 87.040 |
| 张家庄 | 魏鉴三 | 59 | 1455.000 | 4.850 |
| 潘家村庄 | 潘兆远 | 25 | 521.000 | 4.610 |
| 都路平庄 | 王守文 | 80 | 1048.000 | 3.144 |
| 陈玉平庄 | 刘化章 | 59 | 964.000 | 6.43 |
| 西刘家庄 | 张毓福 | 39 | 940.000 | 3.126 |
| 安得村庄 | 张继善 | 49 | 1182.000 | 7.015 |
| 道民村庄 | 张滋茂 | 69 | 2463.400 | 4.089 |
| 安家庄 | 王允恭 | 100 | 1260.000 | 25.670 |

续表

| 邹平县庄仓合作社一览 | | | | |
|---|---|---|---|---|
| 仓名 | 主管人姓名 | 社员人数（人） | 地亩 | 存粮数目（石） |
| 曹家庄 | 曲遵荣 | 43 | 1062.000 | 10.610 |
| 大有村庄 | 李凤诏 | 95 | 1279.000 | 63.950 |
| 车郭庄 | 刘忠信 | 99 | 2433.300 | 121.665 |
| 辉里庄 | 李子时 | 140 | 1572.000 | 15.720 |
| 潘刘庄 | 刘辉忠 | 71 | 1081.000 | 54.500 |
| 要庄 | 李墨林 | 89 | 1676.870 | 84.750 |
| 赵家庄 | 张存德 | 56 | 749.300 | 37.440 |
| 高旺庄 | 高汉俊 | 120 | 2854.500 | 123.520 |
| 双柳树 | 禚景岩 | 37 | 1758.000 | 91.900 |
| 云集官庄 | 秦兴荣 | 13 | 300.000 | 18.000 |
| 李星耀庄 | 李瑞玲 | 142 | 212.000 | 105.600 |
| 宋家套庄 | 孟继隆 | 67 | 442.500 | 19.630 |
| 合计147庄 | 147人 | 9465人 | 148645.993亩 | 5302.8205石 |

# 五　邹平庄仓合作社发行庄仓证券之经过

## a 庄仓证券发行的旨趣

邹平实验县令各乡发行仓谷证券之用意有二：（一）以促仓贮之充实；（二）以救农村之穷乏。夫令民积谷，虽为善政；然当此农村困穷之日，征调频烦之时，农民所借以应公私两用之谷，尚忧不足者，今又从而夺其一部使之搁置，几何不等于重为之困耶！县府有见及此，故一面使之积仓，一面复使之持有仓证以资应用；如此庶乎可以双方兼顾，而不失之偏。此邹平各乡仓谷证券决计发行之由也。

至发行之法：则以乡为单位，依其所集仓谷之多寡以为发行之标准。由仓谷保管委员会负发行之责，而县政府所设之农村金融流通处代为兑现。其准备金由发行之乡以仓谷为保证，向金融流通处借贷，但不取去而仍存之于流通处；至于发行所得之余利则归诸一乡全体。此实本人民自立自救之旨趣，自助互助之精神而施设，俾其不常仰给于官厅之救济，而图自立也。

今之言救济农村者，每思引都市银行之资金于农村，而都市银行近亦因商务萧条之故，多欲转向农村投资。然一考其贷款之法，仍不脱商业银行之性质，与农村情形殊欠适合。试举其要于下：

（1）还期过短，到期能否延长，亦殊难预定。

（2）都市银根，一旦紧迫，必至有不顾农村情形，而急迫催收之危险。

（3）农产物跌价，农民已不堪其苦，乃持之向银行押借又遭受三四成之低折，是不啻苦上加苦矣；如此，反不如直接售出较为合算。

因上三项情形，可知今日银行投资农村之办法，对于农村殊无甚补益，且其本身又无彻底计划长期贷放之准备，其不可靠，殊在意料之中。况今之较大银行，其本行俱在上海，极易受世界金融变动之影响，亦易起投机各处之幸心。彼之立场本在营利，又何能常顾农村。即外界之风波不来，而当地农产物之受其垄断操纵，恐亦难免。凡此皆农村不敢相倚之因，而倚之者将有陷于忽然乳断，或受其操纵之危险也。

再由农民方面言之，虽曰质实者多，然亦未始无狡黠之人；且对此带有官办性之机关敢于首先尝试，或乐为居中成全者，亦多为此侪。稍或不慎，即遭顿挫。故银行欲贷款于农村，必须先多认识农村之人，与有交谊；而欲多认识农村之人，与有交谊，必须先不厌嫌农民之鄙俚质直乐与往来而后可。凡此皆非银行青年行员所易为也。故以银行为主之贷款似不如以地方公益为主之贷款为得策。今银行对农村贷款尚在初试之期，且多假乡村运动者为左右，其流弊似尚未发现。然此以银行为立场，以官厅为护符之贷款，窃恐流弊之生殆亦不远。江苏省农民银行，前期失败，亦似非偶尔特殊之事也。

夫周其缓急，人所易感，由此而与之往来，默施教导，亦实施行社会教育之良机也。余乡有以权子母致富，且为乡人信仰之老者，尝言曰：款贷给谁人，即须代谁人操心，常当留心其行为，勿令走险道作坏事，此虽意在为己，而为人之实亦自在其中。窃谓贷款于农村，于此点极应重视，似不可但任银行之无社会思想无教育能力者为之，而失此施教之良机也。

贷款而助之生产，加大其生产之力，实社会进步之道。惜向日权子母者，无此徽标，近日喜左倾者，反加以恶名；致此助人生产之道，亦隐而不彰，不能自立。此我国农村银根愈缩，金融愈滞之由来也。窃谓此后农村贷款之道，似不应如向日之单纯，而亟应留意者有六：

（1）须留意多认识农村之人，并熟悉其环境；

（2）须注意助其为生产之事业；

（3）贷款后须常留心其行为，指导为合理之消费，并代防其作冒险之事；

（4）收款时须加体恤，勿过严刻；催收员尤须特加训练，使之温和有礼，不挟带官气；

（5）须为期限较长之计划与准备；

（6）须使借款之农友，视贷者为其周缓急之良友，新生活之导师，而非纯然图利者。

贷款农村者，必具有以上六种之诚意与态度，而后其贷款庶可有救济农村之实，不至生古时青苗法之流弊。但推行银行之纸币，而不令人民有自立自主之经营，似犹非引人民奋发之道；故银行之力，虽不能不借，而借之之方策，实有研究之必要。

邹平之发行仓谷证券，实含有下列数意：

（1）对仓谷令其集中一处或数处易于管理；

（2）对金融令农村居于自立自主之地位，更进而关心公共财政；

（3）以此为练习团体事务，并培养其公共之心。

至发行之权所以归之各乡，而不归于县立之金融机关者，以县立金融机关居近于官，滥发之危险较乡村为更大，防遏监视亦无适当之人也。由乡村发行，而县为监察之机关，更以县立金融机关为佐助之法团，如此勾结，庶乎可使乡人留心县中之财政，而乡村自身亦不能有滥发之便利也。

再以仓之集中言，非但管理较便，而利用亦较便。近年外粮入口日增，国内之面粉公司亦每多喜买外粮，而不喜买本国之粮者，何也？国内之粮零散而不集中之故也。故农村有粟贱病农之苦，都市成外粮充斥之场。若励行仓政，使各地之粮，常能集中；如不利

## 五 邹平庄仓合作社发行庄仓证券之经过

用则已，一欲利用，即有以与大量购粮者之利便，而应其需要。如此亦未必不可少减外粮入口之势，而救农村粟贱之苦。此亦仓之集中所以为要之由也。

至发行证券使与货币同一流通，对国币言，似有增加纷乱之虑。然纸币本为代表实物，利便交易之具，近日学者所以主张发行纸币之权应归中央者，为其可借以调剂全国金融不令私人窃为营利之用也。今各省银行每多自为发行，而所以致用者，亦多在自营厚利，而不在调剂金融；救济农村，更难盼到。故以理论言，若认为应归中央者，则各省之省银行及现今之上海、中南、中国、交通等银行，俱不应上侵中央之权，下夺人民之利，而自占发行纸币之权也。即以省银行言，考其已往发行之成绩如河南、山东、山西、河北等省银行之票，以及北平平市官钱局之券，至今何一不等于废纸；主持发行者，何一不拥私财巨万。然对此负责者究为何人？若私人发行而停止兑现，则债权者破其产，官厅中罪其人，势所必然，何至如此即了。且独占发行，本为向时德日君主国之法，欧洲大陆学派之说，非共和国所应尔。如德日等国虽为中央银行所独占，而北美共和国则殊不然，常分在各州及各准备市。我国幅陨广阔，交通不便，官家信用，尚未孚于民，信用证券之发行，似本不应由官家独占。况当此世界金融未稳，地方情形未一之时，独归中央，易受世界之影响而动摇；分归省府，亦易为大吏所卷逃而亏民。故无论中央政府与省政府，似俱不可不顾理论，不顾事实，而思自为把持也。然令私人及资本家用为经营私利之具，则亦非是。邹平负实验县政府之责，所以于仓谷证券设计实验者，非苟步发行私币之后尘，实欲以此为人民自立自救自助互助之试验，而促进于自治之轨道也。

案邹平各乡证券发行之值，以仓谷多少为准。或有以为危险者，谓应按价值之六七折发行。惟设计初意，以本年谷价甚廉，农民甚苦，尚欲仿古常平仓意，照时价额稍多发行，以资救济。嗣议者咸以为险，遂定为照时价之实数发行。然犹有以为险者，令余与发行之乡磋商保险之法，该乡遂议定由各庄长全体负责。其中老者，慨然对余曰：近年对于我等之摊派，纷至杂来，益处何在，理由何在，咸不得知；而我等尚且应命，如数奉纳，今对此确有实惠于我等之证券，且有官府为证，我等岂反不乐从，而不负责乎？窃以此真呕心血之言！彼不置信于乡民，而常发偏于一方之议者，亦可以省矣！且今各银行及私家商号发行纸币之准备金，果有几何？人孰见之？亦并未闻官厅按时检查，使其确有若干之准备也。今对纯营私利者，尚如此放任；对人民自救，而属公共者，亦何可过分严责，遏其生机耶？何况此项证券以谷为准备，其最后之用，实过于金银，时值年荒，其价值亦必倍增。故窃谓当此粮贱之时，发行额数，稍微超过实值，亦似无甚若何不了之危险。粮食本为国人唯一之命脉，际此仓贮不实，农事衰颓之秋，按理公家即应特筹款项为之设备，为之购存，今不能此，而于人民自为者，岂尚可苛求而不稍假以便利乎？此仓谷证券按贱时实值发行，而不再加折扣估计之所由也。

至仓房之修理与仓谷之保管，证券之使用与兑现，皆定有细则，兹不多赘。然要而言之：不外发行之权虽在乡，而监察兑现之权则在县；仓贮可常令人察看，以获信于人；证券亦不能自由发行，而必统制于官，盖须受限制于代兑之农村金融流通处也。故农村金融流通处，一方为代兑现之机关；一方又为节制发行之机关；再一方又为管理粮食，控制粮食之机关也。其存粮有祟陈贮新之要时，且可与各乡协议，一变而为临时运销合作之机关。至金融流通处详细之职责则另详，此不多赘。

## b 庄仓证券发行的办法

庄仓证券，依发行的旨趣，订定办法；大致由庄仓合作社发行，以粮食抵押数目，而定发行金额。庄仓合作社发行后，由金融流通处担保兑现。以目前邹平辅币之缺乏，发行此证券，以供农村收支，实有需要。至于其将来之改革，则须另行计议。今将其详细规定，分列于下：

**(1) 各乡庄仓证券发行章程**

一、各乡庄仓保管委员会，为活用仓贮调剂农村金融起见，依各该乡所有各庄仓仓谷之时值，发给庄仓证券于各庄仓合作社社员。

二、庄仓证券之种类，分为一角、三角、五角，三种。

三、本证券平时兑现，由各乡庄仓保管委员会与本县农村金融流通处妥定契约，由其代兑。

四、遇荒年时，持证券者得按时价支出庄仓仓谷。

五、本章程若有修改增加之处，须由各乡庄仓保管委员三分之二通过，并呈县府核准后，方能施行。

**(2) 庄仓证券发行细则**

一、本证券由各乡庄仓保管委员会经理发行，由曾经入仓之农户尽先告借。

二、各农户告借之额数，以其所入仓谷之价值为标准。但数有畸零时，不足一元者，可按一元告借；在五元以上者，畸零即不得算入（如谷值算得五元数角时，须按五元告借）。

三、告借时仍须立正式约据，有相当之保还人保还。

四、告借之利息，每月以一分二厘为度，期限以一年为度。

五、入仓农户有不愿告借者，得声明让给其他入仓之农户告借；不告借亦不声明让谁时，即由经理人酌贷他人。

六、证券所得利息，除准备兑现金利息及办公费用外，须分给各庄庄仓管理委员，备修仓上仓之用。

七、证券贷放，须由保管委员会，将各庄仓谷实值算出总数，按各庄应得之数，分托各庄庄仓管理委员，向入仓各户照章分贷。

八、各庄庄仓管理委员有不知书算，或因其他事故不能经理贷放时，得公告本庄入仓农户直向乡仓保管委员会经理员告借；但仍须本庄庄仓管理员介绍并保证。

九、本细则由县长核准施行。

### （3）农村金融流通处代兑庄仓证券办法

一、本县农村金融流通处，为调剂农村金融起见，对各乡庄仓保管委员会所发行之庄仓证券，经与各该乡妥立契约后，即须代为兑现。

二、金融流通处代庄仓保管委员会证券兑出之现款，于每年六月十二月各结算一次。

三、结算时，由各乡庄仓保管委员会，自行检验流通处兑存证券实数，按月息一分出息。

四、各乡庄仓仓贮，倘有短欠不敷抵补金融流通处兑出之款及利息时，应由该乡各庄仓负连带摊还之责。

五、金融流通处，得随时派人至各庄仓察看仓储情形，保管欠周时，并得予以警告。

六、各乡庄仓保管委员会所发行之证券，如有伪券发生时，须由各庄仓完全负责。

七、本办法自呈由山东乡村建设研究院转呈山东省政府核准后施行。

附——庄仓保管委员会与农村金融流通处订立合同

立合同约邹平第　乡庄仓保管委员会、邹平农村金融流通处为发行

庄仓证券，双方拟订如下之条件，以资遵守——

一、保管委员会须遵守呈准省政府之金融流通处代兑庄仓证券办法。

二、第　乡出庄仓证券　元，券面须加盖保管委员会发行及金融流通处代兑之印章。

三、第　乡按六成现金准备，存放金融流通处代兑。

四、第　　乡在金融流通处息借洋　　元，利息暂定为月息一分；自发行庄仓证券之日起算。

五、每年六月十二月为结算利息之日期；遇必要时，可提前结算。

六、金融流通处代兑庄仓证券，暂以一年为期，期满后双方另订契约。

七、第　　乡及金融流通处双方严密防范伪券。

八、乡庄仓保管委员会全体委员，均须在合同上署名盖章。

金融流通处盖章。

### （4）监理庄仓证券规则

一、邹平县府于各乡发行之庄仓证券为预防流弊、保管合理起见，应随时严密稽查之。

二、各乡于此证券款项贷出收入之账，每年终须开列清单呈报县府查核；并公布乡学门首，俾乡人周知。

三、各乡庄仓证券之款项，其贷出使用，发见有私滥不当之情形时，依法惩办其经理人。

四、各乡庄仓证券经理人，若有更换时，须将其交接情形呈报县府，经审核无错，予以批示时，方免除其责任。

五、各乡庄仓证券，须依照县政府所定之收回及清算要则，切实奉行。

### （5）庄仓证券收回及清算要则

一、庄仓证券每七年为清结期，须全数收回另行计划。

二、庄仓保管委员会，对金融流通处之准备金，须按七年分别还清。

三、庄仓保管委员会，自发行证券之第二年起，每年满后，须向流通处分还借款六分之一。

四、流通处于满二年后，每年收到还款六分之一时，即须将收到之证券封存六分之一。

五、流通处与各乡每年满另订契约时，须将此载入契约，慎重执行。

六、清结后，若尚有发行之必要时，可斟酌情形呈明县府核办。

说明：事无清结之期，则易流于放弛混乱，无人负责；其为利之处，亦因之不觉。此种证券之发行，尤易如此；苟不早为收束之计，必致流于滥而不当，习而不察，致于良法善意，反不知实爱也。今第一乡之证券，已全数兑现而去。考其账皆按一分六厘贷出，以二千元计，每年可得利息三百八十二元；即原本稍有闲放之时，为时当亦无多。让一步以三百六十元计算，第一年除提还准备金利一百四十四元外，尚余二百一十六元；再以二百元还准备金之借项；即令封存证券二百元，作为收回，其事谅非甚难。如此满六年后，借款还清，证券亦收回一千二百元，则在外流行者，只八百元。再由其所贷出之二千元中提出八百元，收回证券，则此一乡即可净得一千二百元，为其公用金。若经过良好，尚欲续发时，仍以一千二百元为准备金发行证券二千元；是此乡即不啻有二千元之应用金，每年有三百七十八元之利息，可以供用：一切事务，皆举办不难矣。不过尤须于此六年中，谨慎维持、不贪图便利，苟且使用之；若嗔鸡下卵之迟，而剖用鸡腹之卵，则失计大矣！

## c 庄仓证券发行的数量

此为试办期间，对庄仓证券的发行，只就近城一二两乡试办；视其结果如何，再行推进。两乡发行金额共为四千元，如下表：

| 庄仓证券发行机关 | 证券数目 | 兑现准备金 | 代兑地点 |
| --- | --- | --- | --- |
| 第一乡庄仓保管委员会 | 2000元 | 1200元 | 本处业务股 |
| 第二乡庄仓保管委员会 | 2000元 | 1200元 | 本处业务股 |